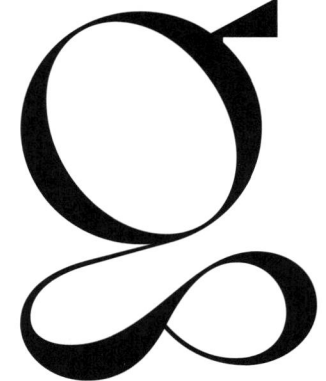

ISSUE 2 MAGAZINE G

적의 적은 내 친구인가?
∴ 네 편 혹은 내 편

CONTENTS

프롤로그   7

TENDENCY (SECTION 1)

· 영원한 동맹? 그런 게 있을 리가…	역사	주경철(역사학자)	12
· 편 가르기의 심리학	심리	허지원(임상심리학자)	20
· 식물 세계의 네 편 내 편	식물세밀화	송은영(식물세밀화가)	28
· 뜨개질처럼 모두 연결되어 있어요	에세이	문보영(시인)	32

SURROUNDINGS (SECTION 2)

· 적은 없되 동무도 없다	언어	한성우(국어학자)	40
· 차별과 혐오의 기술자, 딥페이크 저널리즘	미디어	정준희(미디어학자)	48
· "적의 적은 우리의 친구"	과학·종교	리처드 도킨스(진화생물학자)	58
· KEEP!	일러스트	윤파랑(만화가)	65
· 하지만 그럼 고슴도치는요?	비평	강보원(문학평론가)	68

INSPIRING (SECTION 3)

· 뇌가 만든 적, 뇌가 만든 친구	뇌과학	김대식(뇌과학자)	76
· 모두를 적으로 돌린 인류세의 악당들	그래픽노블	김한민(작가)	83
· 우리는, 우리를 위해, 미움을	사진에세이	황예지(사진작가)	96
· 말	엽편소설	김엄지(소설가)	105

MECHANISM (SECTION 4)

· 고속도로의 이방인들 : 완전한 타인과 친구가 될 수 있을까	사회	김광기(사회학자)	118
· 기술과의 수고스러운 관계 맺기	기술공학	신유정(과학기술정책학자)	130
· 적과 함께	의학	이재갑(감염내과 전문의)	142
· 적을 만드는 말, 친구를 만드는 말	실용	박소연(작가)	150
· 멀지도 가깝지도 않게 : 관계의 가성비가 필요할 때	문화	미깡(웹툰작가) × 편집부	159

INNER SIDE (SECTION 5)

· 영혼의 연좌제 : 적과 친구라는 카르마	영성	박진여(전생 리딩 상담가)	164
· 내 안의 나, 에고와 공존하는 방법	명상	정민(명상 멘토)	172

에필로그   182
컨트리뷰터   184

프롤로그

친구와 적의 차이
김대식(뇌과학자)

인류 첫 영웅전으로 유명한 《길가메시 서사시》. 이 세상 모든 것을 가지고 두려울 게 없었던 수메르 우르크의 왕 길가메시는 친구 엔키두의 죽음을 경험하며 모든 인간은 죽는다는 사실을 새삼 깨닫습니다. 모든 인간? 그렇습니다. 길가메시 자신도 언젠가는 죽게 될 터. 그렇다면 궁금해집니다. 어차피 언젠가 죽을 텐데 왜 인간은 이렇게도 고생하며 살아야 하는 걸까. 제국을 세우고 황궁을 지어도 결국 한 줌 먼지가 될 텐데.

자신의 죽음을 받아들일 수 없었던 길가메시는 신에게서 영생을 얻은 유일한 인간, 우트나피시팀을 찾아 나섭니다. 수많은 수난과 모험을 겪은 뒤 드디어 우트나피시팀을 찾은 길가메시. 영생의 기회를 얻지만, 실수로 다시 기회를 잃게 됩니다. 길가메시는 통곡하며 묻습니다. '앞으로 어떻게 살아야 하는가?' 어차피 죽을 운명, 살아가야 할 이유가 대체 뭔지 물은 것. 우트나피시팀은 대답합니다. 통곡하고 발버둥친다고 죽음을 피할 순 없다. 이제 다시 고향 우르크로 돌아가 아름다운 여인과 가족을 꾸려라. 그리고 한 가지 더. 친구들과 맛있는 음식과 술을 나누며 행복한 시간을 보내라.

죽음을 받아들일 수 있는 방법 중 하나로 '친구'를 제안한 우트나피시팀. 인간에게 친구가 도대체 어떤 의미이기에 영생이 불가능한 인간에게 허락된 행복 중 하나라는 것일까요? 반대로, 만약 친구가 인간 삶의 희망이라면 '적'은 인간에게 가장 큰 불행이자 절망이라는 뜻일까요?

실로 인간은 경계 짓기 동물입니다. 나/너, 안/밖, 이쪽/저쪽, 우리/그들을 나눕니다. 내 편인 '친구'를 늘리고 네 편인 '적'을 배척하며 인류는 진화해왔습니다. 그러나 경계 짓기는 갈등과 혼란을 초래하기도 합니다. 경계를 강하게 나누면 나눌수록 '너', '밖', '저쪽', '그들'이 더욱더 위협적인 적으로 돌변하기 때문입니다. 나를 세우기 위한 행동이 오히려 나를 위험에 빠트리는 행동으로 반전하는 셈. 이 딜레마를 어떻게 해소할 수 있을까요.

'나'를 묻는 것에서 출발한 《매거진 G》가 두 번째로 꺼낸 질문은 "적의 적은 내 친구인가?"입니다. 적과 친구의 차이는 무엇일까. 무엇이 나와 너를 가까워지게 하고, 반대로 멀어지게 할까. 편은 왜, 어떻게 나뉘며 네 편과 내 편의 공존은 불가능한 것일까. 이번 호에서도 다양한 분야의 필자들을 모셔서 함께 생각해보았습니다.

첫째 섹션인 TENDENCY에서는 적/친구 구분의 몇몇 경향을 살펴봅니다. 역사학자 주경철은 프랑스와 영국의 한시적 동맹과 유구한 반목의 역사를 통해 영원한 적도, 영원한 친구도 없다는 영원한 진리를 곱씹습니다. 임상심리학자 허지원은 네 편과 내 편을 나누는 행동이 인간 심리 기제와 어떻게 연결되어 있는지 설명합니다. 식물세밀화가 송은영은 두릅나무와 칡과 새삼 간의 얽히고설킨 숙명을 세밀화로 표현하고, 시인 문보영은 너와 나를 구분하지 않고 함께 글을 빚어내는 일의 경이와 즐거움을 말합니다.

둘째 섹션인 SURROUNDINGS에서는 우리의 일상을 둘러싸고 벌어지는 분란과 갈등의 요인들을 짚어봅니다. 국어학자 한성우는 친구와 적을 나누는 단어들의 변천사와 쓰임새를 살펴봅니다. 미디어학자 정준희는 정보가 실시간 업데이트되고 유통되는 디지털 시대에 편 가르기가 왜 가속화되는지 분석합니다. 진화생물학자 리처드 도킨스는 자신이 왜 과학에 호의적인 종교인들을 결국 유화할 수 없다고 단정하는지 밝히고, 문학평론가 강보원은 어설픈 이해와 포용의 욕망이 오히려 편 가르기가 가진 가능성을 잃게 만든다는 점을 지적합니다. 만화가 윤파랑은 같은 편인 척 적을 속일 때, 적과 같은 편이 될 수밖에 없을 때의 아이러니를 압축적인 일러스트로 표현했습니다.

셋째 섹션인 INSPIRING에서는 적과 친구에 관한 생각의 차원을 좀더 넓혀봅니다. 뇌과학자 김대식은 고대 도시 차탈회위크의 주민들이 적/친구를 어떻게 구분했는지 뇌의 측면에서 이야기합니다. 작가 김한민은 지구상 모든 종의 적, 바로 우리 인간 문명의 야만성을 그래픽노블로 표현합니다. 사진작가 황예지는 나와 가장 가까운 이들의 '가족'이 적으로 돌아설 때의 내밀한 사정을, 소설가 김엄지는 선을 긋고 시작하는 말에 대한 단상을 각각 에세이와 짧은 소설에 담았습니다.

넷째 섹션인 MECHANISM에서는 적/친구란 화두와 관련된 사회 현실의 작동 양상을 살펴봅니다. 사회학자 김광기는 '이방인' 개념을 통해 사회적 관계의 기초 단위를 되짚습니다. 과학기술정책학자 신유정은 인공지능이 인간의 적일지 친구일지 속단하는 것보다, 기술 개발을 둘러싼 실제 맥락을 살필 필요를 역설합니다. 감염내과 전문의 이재갑은 완전히 물리칠 수 없는 적인 바이러스와 공생하기 위해 변화와 적응을 택한 우리의 지금 일상에 주목합니다. 작가 박소연은 적군을 우군으로, 우군을 적군으로 만드는 말 한마디의 중요성을 직장생활 사례로 설명합니다. 웹툰작가 미깡과 편집부는 적도 친구도 아닌, '멀지도 가깝지도 않은' 어색한 사이가 술을 매개로 가까워지는 상황을 이야기해보았습니다.

   다섯째 섹션인 INNER SIDE에서는 우리의 내면과 마음에 초점을 맞춥니다. 전생 리딩 상담가 박진여는 가해자가 피해자로 모습을 바꿔 이어지는 카르마 법칙을 통해 용서와 화해의 의미를 생각해보고, 명상 멘토 정민은 나를 나누지 않고 나를 알아차리는 연습을 통해 나와 화해하는 일에 대해 이야기합니다.

통념이나 감정으로 좌지우지되는 적과 친구의 구분, 편 가르기 문제를 다양한 시선으로 자유롭게 묻고 답해보았습니다. 고정불변, 당연시되던 '네 편 내 편'의 경계를 새로운 시선으로 바라보며 이제 여러분 스스로도 한번 물어보시면 어떨까요? 나의 진정한 친구와 적은 과연 누구인지.

SECTION 1 / TENDENCY
영원한 동맹? 그런 게 있을 리가…
편 가르기의 심리학
식물 세계의 네 편 내 편
뜨개질처럼 모두 연결되어 있어요

역사 주경철(역사학자)
심리 허지원(임상심리학자)
식물세밀화 송은영(식물세밀화가)
에세이 문보영(시인)

영원한 동맹?
그런 게 있을 리가…

주경철

There're no
eternal allies

역사학자

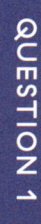

QUESTION 1

역사

우방국가 간 동맹은 영원한가? 물어보나 마나다. 우리는 직관적으로 그렇지 않다는 것을 잘 안다. 그렇다 해도 실상이 어떤지 한번 차분히 살펴보는 것도 나쁘지 않아 보인다.

　우선 18세기 유럽의 상황을 보자. 18세기가 되면 유럽의 국제관계는 완연히 근대적 성격을 띠게 된다. 다시 말해 국가 이익을 위해 언제든지 친구와 적을 바꿀 수 있는 마키아벨리적 세상이 온 것이다. 1700년 11월, 스페인 국왕 카를로스 2세가 39세 나이로 사망했을 때 그런 사태가 벌어졌다. 무정한 이야기로 들리겠지만 카를로스가 그토록 오래 살리라고는 누구도 예상하지 못했다. 1661년 그가 태어났을 때 선천적 질환들이 어찌나 심했던지 의사들은 왕자가 몇 달 못 가 생을 마치리라고 보았다. 그런데 예상과 달리 카를로스는 어렵사리 목숨을 이어갔다. 말도 제대로 못하고 걷지도 못해 업혀다니는 형편이지만 부왕이 죽자 네 살의 나이에 국왕으로 등극했다. 그 이후 '국왕께서 올해를 넘기지 못할 것 같다'는 말이 30년 넘게 반복됐다.

　국왕의 가장 중요한 과제 중 하나는 아들을 낳아 왕위계승을 확고히 하는 일. 어떻게든 왕자를 얻기 위해 카를로스는 두 번 결혼했으나 성적으로 문제가 있어서 결국 실패로 끝났다. 그의 나이 30대 중반을 넘기자 이제는 정말 생의 종점에 이른 것이 분명했다. 이제 다음 준비를 해야 할 때가 왔다.

나눌까, 독차지할까?

스페인은 비록 저물어가는 세력이라고 하지만 그야말로 엄청난 자산을 보유하고 있었다. 본국 외에 유럽 내부로는 스페인령 네덜란드(대체로 벨기에에 해당한다), 프랑스 동부 지역, 이탈리아 북부 지역과 남부의 나폴리-시칠리아 왕국 등 요소요소에 노른자 땅을 소유했고, 여기에다가 거대한 아메리카 식민지와 필리핀까지 가지고 있었다. 이 거대한 제국이 누구에게 돌아갈 것인가가 각국의 최대 관심사였다.

TENDENCY

왕위계승 원칙에 따라 촌수가 가장 가까운 사람을 따져보면 차기 국왕 후보는 두 명으로 압축된다. 한 명은 프랑스 국왕 루이 14세의 손자인 앙주 공 필리프(philippe)이고, 다른 한 명은 바이에른 공 요제프 페르디난트(Joseph Ferdinand)다. 어느 쪽으로 결론이 나든지 국제 정세가 크게 뒤집어질 판이다. 만일 스페인이 프랑스로 넘어가면 유럽 중심부에 초대형 강국이 형성되는데다가, 무엇보다 육상 강국인 프랑스의 힘과 그동안 형성해놓은 스페인 해양 제국의 힘이 결합할 경우 세계의 패권을 노릴만하다. 이는 다른 유럽 국가들로서는 도저히 수용할 수 없는 옵션이다. 그렇다고 합스부르크 가문이 스페인을 차지할 경우 프랑스 입장에서는 동쪽의 독일-오스트리아와 서쪽의 스페인에 포위당하는 형국이 되어 이 또한 수용하기 힘든 옵션이다.

어느 한편이 다 먹기에는 너무 크니 차라리 나누어 먹자는 아이디어가 나왔다. 아직 카를로스가 살아 있던 때에 프랑스, 영국, 네덜란드 등 주변 국가들 사이에서 스페인 제국 분할 계획이 논의됐다. 정작 스페인 자신은 배제한 채 외세가 작당하여 나라를 분단시키는 계획을 짜고 있으니 어찌 분개하지 않겠는가. 1차 분할안이 실패로 끝나고 다시 2차 분할안이 제시되는 것을 본 스페인 측은 차라리 자신들의 운명을 스스로 결정짓자는 생각을 하기에 이른다. 무엇보다 나라가 두 동강 나는 것만은 막는 게 급선무다. 고민 끝에 내놓은 결론은 왕위를 당대 최대 강국인 프랑스 측에 넘긴다는 것이다. 카를로스는 죽기 5일 전 유언장을 수정해서 왕위를 루이 14세의 손자인 앙주 공 필리프에게 넘긴다고 선언했다. 다만 프랑스에서 왕위계승 문제가 생길 때 스페인 왕 필리프가 프랑스 왕위를 물려받을 수는 없다는 조건을 달았다. 앞으로도 스페인은 계속 독립을 유지할 것이며, 프랑스와 스페인 양국을 병합해서는 안 된다는 의미였다.

루이 14세는 고민에 빠졌다. 생각지도 않게 스페인을 넘겨받아 손자에게 준다면 이는 호박이 넝쿨째 들어온 셈이지만, 그것은 공짜가 아니다. 당장 주변 국가들이 반대하며 달려들 판이다. 루이 14세는 재위 내내 전쟁을 벌였고 국력은 극도로 피폐해져 있었다.

또다시 강대국들을 상대로 전쟁을 치른다는 건 무리다. 어찌해야 한단 말인가?

무리수로 시작해 뒤통수로 끝나다

고민 끝에 루이 14세는 스페인의 제안을 수용하기로 했다. 그동안 적국이었던 거대 국가 스페인을 우리 편으로 만들고 손자를 왕으로 앉히는 이 좋은 기회를 아무래도 그냥 버릴 수는 없다고 판단했을 것이다. 그는 내친 김에 한걸음 더 나아가 무리수를 두었다. 이왕 저지른 일, 아예 더 확실하게 밀어붙이기로 했다. 스페인이 내건 조건과 달리 자신이 죽으면 손자인 필리프가 프랑스 왕위를 물려받는다고 선언한 것이다(루이 14세의 아들은 그전에 이미 죽었다). 그러면 언젠가 프랑스와 스페인이 한 국왕 아래 완전히 통합될 터이니, 이웃 국가들로서는 도저히 봐줄 수 없는 일이다. 이것이 스페인 왕위계승전쟁을 불러왔다. 유럽은 또다시 전쟁의 포연에 휩싸였다. 한편에는 프랑스와 스페인이, 다른 한편에는 영국, 네덜란드, 오스트리아 등으로 구성된 대동맹(Grande Alliance)이 맞섰다.

전쟁 초기 국면에는 프랑스가 선전했다. 그런데 1706년 플랑드르의 라미이(Ramillies)에서 벌어진 결전에서 대동맹군이 프랑스-스페인군에게 대승을 거둔 이후 사정이 급변했다. 이때 동맹군을 지휘한 장군이 다름 아닌 처칠의 조상 말버러 공작이었다. 이때 말버러에게 2만~3만 명의 추가 병력이 있었다면 곧바로 파리까지 밀고 들어가 완전히 결판을 낼 수도 있었을 정도였다. 이후에도 프랑스-스페인군은 계속 전장에서 밀려 한때 루이 14세는 마드리드에 있는 손자에게 '이제 글렀으니 파리로 돌아오라'고 말했을 정도다.

그런데 1711년 반전이 일어났다. 합스부르크 가문의 신성로마제국 황제 요제프 1세가 사망한 것이다. 지금까지

동맹군은 루이 14세의 손자 필리프가 스페인 왕위를 차지하는 것에 극구 반대했고, 그 대안으로 황제의 동생 카를 공을 스페인 국왕에 앉히려고 했다. 그렇게 되면 신성로마제국과 스페인 모두 합스부르크 가문의 인물들이 지배하긴 하지만 그래도 두 거대 세력이 합쳐지는 건 아니다. 그런데 요제프가 죽고 카를 공이 황제로 즉위했는데, 여기에 더해 스페인 왕위까지 차지하면 두 거대 국가가 완전히 한 국왕의 지배하에 들어가고 만다. 이건 원래 바라던 바가 아니다. 영국의 관점에서 볼 때 프랑스와 스페인이 합쳐지는 것도 문제지만 그렇다고 신성로마제국과 스페인이 합쳐지는 것도 문제가 아닐 수 없다. 영국이 바라는 건 대륙 내에서 그 어느 세력도 완전한 패권을 잡지 못하고 분열된 상태다. 상황이 변한 것을 본 영국은 전쟁에서 발을 뺐다. 프랑스가 거의 탈진 상태여서 조금만 더 공격하면 완전히 항복을 받아낼 수 있는데, 그 순간 영국이 전장에서 이탈하고 만 것이다. 이후 프랑스는 드냉전투(1712)에서 마지막 전력을 다하여 싸워 승리를 거두었다. 그야말로 죽기 직전에 기사회생한 것이다.

　　　　모든 국가들이 전쟁에 지친 나머지 평화조약 체결을 서둘렀다. 프랑스는 체면을 잃지 않고 회담에 임할 수 있게 되었다. 1713년 평화조약의 최종 결과는? 루이 14세의 손자 필리프가 스페인 왕위를 받지만, 대신 루이 14세가 죽었을 때 프랑스 왕위를 물려받지 못한다는 것, 즉 앞으로 스페인과 프랑스는 합병하지 못한다는 것이다. 다시 말해 전쟁 이전 상태 그대로 돌아갔다. 이럴 거면 왜 그토록 엄청난 피해를 입으며 12년 동안이나 전쟁을 벌였단 말인가? 동맹군으로서는 영국의 배신 때문에 마지막 순간 다 얻은 승리를 눈앞에서 놓친 것이 못내 아쉬웠을 터다. 이때부터 영국은 '고귀한' 별명을 하나 얻었으니 '믿을 수 없는 영국(perfide Albion)'이 그것이다(영어로는 'perfidious Albion'이라고 한다. 'Albion'은 '흰색의 나라'라는 뜻으로 원래 영국의 별칭이다).

어제는 적, 오늘은 친구, 그럼 내일은?

사실 프랑스로서는 배신자 영국 덕분에 나라를 구했으니 이 경우에 한해서 보면 영국을 욕할 건 아니다. 그렇지만 역사 내내 프랑스는 영국과 사이가 안 좋았다. 백년전쟁 때 프랑스 왕위를 요구하는 잉글랜드군에 맞서 장기간 전쟁을 벌였고, 반대로 나폴레옹 시대에는 거의 전 유럽을 석권한 프랑스군의 침략 위협에 대항하여 싸우느라 영국이 위기에 빠졌다. 그러던 두 나라가 가까워진 건 20세기에 들어와서다. 영국과 러시아의 관계가 악화되고, 프랑스와 독일의 관계가 악화되자 위협을 느낀 두 나라가 급격히 가까워졌다. 1904년 양국은 화친협상(Entente Cordiale)을 맺었다. 그렇지만 프랑스인들이 마음속 깊이 영국에 따뜻한 우정을 느끼고 있는 건 아니었다. 프랑스 작가 루이페르디낭 셀린(Louis-Ferdinand Céline)은 이렇게 말했다. "영국과 동맹? 그건 내 불알이다!"(동맹에 반대한다는 건 알겠는데 정확히 무슨 의미인지는 모를 일이다.)

　　20세기 중반에 양국 간 협력과 배신의 드라마가 한 번 더 일어났다. 이때 문제가 된 건 수에즈 운하다. 1952년 이집트에서 군사 쿠데타로 가말 압델 나세르(Gamal Abdel Nasser)가 권력을 잡았다. 나세르는 아스완 댐을 건설하여 관개시설을 정비하고 전력 공급을 늘리려 했다. 그는 중립을 표방하면서 엄청난 댐 건설 비용을 놓고 서구와 소련 사이에서 협상을 벌였지만, 내심 서구 자본을 원했다. 미국 국무장관 포스터 덜레스(Foster Dulles)는 이런 나세르의 태도를 극도로 혐오했다. 그런 마당에 나세르는 1955년 소련 블록에서 전투기 200대와 탱크 275대를 구매하여 미국과 이스라엘의 분노를 샀다. 결국 나세르는 서구 자본을 끌어오는 데 실패했고, 그 결과 소련과 급격하게 가까워졌다. 곧이어 수에즈 운하 국유화를 선언했다. 운하 통행료로 아스완 댐 건설 비용을 대려는 것이었다.

　　이 상황에서 영국과 프랑스가 공동 대응을 했다. 만일 이대로 방치하면 중동에서 유럽으로 들어오는 유조선을 이집트가 통제하게 되어 경제가 마비될 수 있다. 두 나라는 이스라엘과 함께 군사작전을 펴기로 결정했다. 이스라엘 낙하산 부대가 시나이 반도에

투입되어 진군하는 한편 영국과 프랑스는 이집트 공군 기지에 포격을 가하면서 운하의 북부 지대를 점령했다. 그렇지만 상황이 원하는 대로 돌아가지는 않았다. 이집트는 원유 수송을 막았고, 소련은 이집트를 위해 개입하겠다고 선언했다. 당시 헝가리 사태로 인해 자칫 미국과 소련 간 갈등이 폭발하지 않을까 우려하던 차에 영국과 프랑스가 미국 몰래 공모하여 군사작전을 편 데 대해 미국의 아이젠하워 대통령은 분개했다. 그는 영국의 이든 수상에게 전화를 걸어 "앤서니, 자네 제정신인가? 당신은 나를 속였어" 하고 어린아이 야단치듯 비판했다. 영국은 미국의 경제적 압박을 이기지 못하고 결국 군을 철수시켰다. 프랑스는 격분했으나 그렇다고 혼자서 버틸 수는 없어서 결국 그들도 물러서고 말았다. 프랑스로서는 역시나 영국인들은 못 믿을 놈들이며, 위기 시에 프랑스와 유럽 대륙 편에 서지 않고 미국 편에 서리라고 판단했다. 몇 달 후 유럽 6개국으로 구성된 유럽공동시장이 창설될 때 프랑스 지도자들은 '믿을 수 없는 영국'의 가입을 거부했다.

최근에 또다시 유사한 일이 벌어졌다. 1991년 12월 유럽공동체 12개국 정상들이 네덜란드 마스트리흐트에 모여 경제통화통합 및 정치통합을 추진하기 위한 유럽연합조약(Treaty on European Union)을 체결하기로 합의하고, 각국의 비준절차를 거쳐 1993년 11월부터 유럽연합(EU)이라는 정치·경제 공동체를 이루었다. 그런데 역시나 영국이 말썽을 부렸다. 2016년 6월 진행된 국민투표 결과 영국 여론은 유럽연합 탈퇴, 곧 브렉시트를 결정했다. 오랜 진통 끝에 영국은 유럽연합과 결별하는 수순을 밟고 있다. 프랑스어로 '필레 아 랑글레즈(filer à l'anglaise)'는 '영국식으로 떠나다', 다시 말해 말도 없이 사라진다는 표현이다. 영국인들은 원래 그러고도 남을 인간들이다.

믿을 수 있는 동맹?

지금까지 말한 건 당연히 프랑스 입장에서 본 영국 이야기다. 프랑스가 볼 때 영국은 에스프리(esprit)도 없고 문화도 없는 나라, 돈만 밝히는 나라, 무엇보다 요리를 못해도 너무 못하는 불쌍한 나라이며, 자크베니뉴 보쉬에(Jacques-Bénigne Bossuet)의 표현대로 '배신을 밥 먹듯 하는 나라'다. 그러면 반대로 프랑스는 믿어도 되는 나라일까? 영국, 독일, 네덜란드, 스페인 등 주변 국가의 의견을 들어보면 분명 똑같이 험악한 말을 할 게 틀림없다. 근대 국가는 기본적으로 다 그렇게 살아간다. 동맹? 그건….

QUESTION 2

편 가르기의 심리학
Psychology of Splitting

심리

Photo by Lucas-Benjamin on Unsplash

허지원
임상심리학자

"그래서 너는 누구 편인데?" 내가 이런 말을 이 나이에, 저 나이의 사람한테까지 들을 줄은 몰랐다. 아니, 더러 가능한 일이라는 생각은 들었지만, 진심이십니까? 지금 이 시점에?

분명한 것은 이때 답을 고를 때에는 극단적으로 신중해야 한다는 점이다. 상대는 지금 솔직한 내 마음을 묻고 있는 것이 아니다. "내 편임을 확실히 해!"라는 상당히 또렷한 메시지를 던지고 있다. 이것에 부응할 것인가, 모르는 척할 것인가, 통찰을 냅다 던져버릴 것인가.

지금 상황이 편 가르기(splitting)할 때는 아니라는 통찰을 쉽게 얻을 분 같으면 애초에 이런 종용도 하지 않았을 것이다. 예를 들어, "아니 여기에 지금 편이 어디 있습니까!"는 참으로 맞는 말이지만 이는 저분에게 정답이 아니다. 이 정도의 유보적인 발언조차 '일단 네 편은 아닌 걸?'이라는 메시지와 다름없다. 당신이 이런 식으로 답하는 순간, 상대의 '내 편 네 편 구분하기 알람'은 굉음을 내며 번쩍이는 경고등을 부리나케 켠다. '당신은 테스트를 통과하지 못했군요….' (나의 경우 일부러 '일단 네 편은 아님'을 분명히 하기 위해 의도적으로 저런 표현을 하긴 하지만 권장하지는 않는다.)

누구 편이 뭐가 그렇게 중요한 걸까

중요하다. 사실 상대방이 누구 편인지 아는 것은 매우, 무척이나, 중요하다. 자아강도(ego strength)가 약한 사람들에겐 특히 그러하다. 운 좋게 자아강도가 강한 경우라면, 에고(ego)를 잘 쓸 줄 안다. 내면의 충동적인 이드(id)와 다소 강박적인 슈퍼에고(superego), 그리고 실제로 본인이 처한 현실 상황을 적절히 파악하고 이들 간의 균형을 잡을 줄 안다. 운전자에 비유한다면 액셀러레이터와 브레이크를 유연하게 밟는 사람이다. 지금이 때가 아니면 욕구를 지연할 수 있다. 좌절을 겪으면 잠시 숨을 고르다 다시 위로 올라올 줄 안다. 말을 멈춰야 할 때와 비로소 감정을 표현해야 할 때를 안다.

그러나 고속도로에서 구르는 종이 전단지에도 급히 브레이크를 밟는 사람들이 있다. 혹은 골목길의 무신경한 행인들에 언짢아하며 갑자기 액셀러레이터를 더욱 밟는 사람들이 있다. 내면의 정제되지 않은 마음들이,

매일이 초행길인 우리의 마음을 더욱 고단하게 한다. 자아강도가 약한 경우 정서적 불안정성이 두드러지고 부정적 정서 경험을 더 빈번히 하며 악몽도 많이 꾼다. 그러잖아도 혼란스러운 일상에서, 내 맘 같지 않은 사람들 때문에 초조하고, 억울하고, 슬프다.

우리의 비현실적 소망은 점점 더 큰 힘을 얻는다. '내가 나의 길을 아무렇지 않게 갈 수 있도록 내 편이 더 많으면 좋겠다.' '적이 누구인지 또렷하게 알았으면 좋겠다.' 외부의 적이 언제 쳐들어올지 모른다는 순전한 불안감 때문이다. 많은 사람에게 세상은 예측 불가하고 통제 불가한, 너무나 위협적인 곳이다. 나의 세계를 붕괴시킬지 모르는 잠재적인 적들이 있는 한, 적을 스캔하고 필터링하는 것은 생존을 위해 기본으로 해야 할 일들이다. '방벽 쌓기와 보초 서기를 게을리하다가는 언젠가 이 성이 함락될 거야.' 그러나 사실 그 성은 있어본 적 없는 성이다.

나의 허술한 성

개인의 역사를 통해서 얻게 되는 각자의 고유한 지식들이 있다. '나는 이런 일을 할 때 편하게 느끼는구나.' '나는 나의 사람들과 함께 있을 때 기운을 얻는구나.' '나는 모르는 사람들 앞에 나서서 말하는 것을 힘들어하는구나.' 다른 사람과의 관계에서 내가 대체로 어떤 느낌을 갖는지에 대한 정보들이다.

환경을 통해 얻은 이 정보들은 나의 생각과 선택에 의식적으로 혹은 무의식적으로 작용하면서, 나에 대한 자기 표상(self representation), 타인에 대한 대상 표상(object representation) 그리고 이 표상들 간의 관계인 대상 관계(object relations)를 다시 구성해낸다. 이때 '실제 나'와 '실제 타인' 간의 '실제 관계'가 중요한 것은 아니다. 내가 '어떻게' 느끼느냐, 가 중요하다.

우리가 태어나서 가장 처음으로 경험하는 세상은 주(主)양육자가 만든 세상이다. 내가 필요한 것이 있거나 불쾌한 상황에 처할 때 나의 울음에 기꺼이 반응해주는 세상이라면, 아이는 차츰 전능감을 느낀다. '세상은 나의 쾌적감을 맞춰주기 위해 움직인다.' '나의 의도를 실현시켜주는 사람들이 내게 있다.' '나는 누구에게나 대접받고 사랑받을만한 존재구나.'

그러나 그 시기는 길지 않다. 누군가에게는 평생 한 번도 찾아오지 않는다. 저간의 사정들로 주양육자는 자신의 세상에서도 헤매기 일쑤이며, 사실 영유아의 울음을 듣고 그 의도를 파악하는 일은 누구에게나 어렵다. 더욱이 그 아이 외에도 보살펴야 할 아이의 형제자매들이 있거나, 본인이 우울증을 경험하고 있거나, 원치 않는 가족을 구성하고 있거나, 자신이 학대받고 있는 상황이라면, 아이에게 호의를 베푸는 일은 지극히 어려운 과업이다.

이때 아이의 머릿속은 복잡하다. 기본적 욕구가 충족되지 않는 것만으로 유기체는 겁에 질린다. 나를 보살펴주지 않는 환경의 엄혹함이 새삼 끔찍해 쉽게 압도된다. 아이는 원시적인 뇌만 가지고 태어났기에 매우 원시적이고 원초적인 방법으로 이 상황을 이해하려 한다. '내가 이렇게까지 보채는데 왜 우유를 주지 않지? 왜 잠을 재워주지 않지? 내가 나쁜 아이라서일까? 내가 아까 엄마를 아프게 해서일까? (무의식적으로 아마도 공포에 질려) 아니야. 절대 그럴 리 없어. 저 엄마가 나쁜 엄마(bad mother/bad object)야!'

아이는 점차 예민해지고 종종 폭발적으로 화를 낸다. 뒤늦게라도 달려와주고 머물러주고 안심시켜주는 주양육자가 있다면 참 좋겠지만, 아이가 운이 좋지 않아 그렇게 품어주는 환경(holding environment)을 끝내 만나지 못한다면 이 허술하기 짝이 없는 모래성에다 그때부터 (또다시 모래로) 방벽을 쌓아 올린다.

악하고 나쁜 것들은 내 안에서 밀어낸다. 이것들은 무조건 외부에 있어야 한다.

외부의 적에 집중할 것

편 가르기에 열중인 사람들의 특징은 인간 혹은 대인관계의 복합적이고 다중적인 특성을 통합적으로 지각하지 못하고 단편적이며 부분적으로 지각한다는 것이다. 그러니까 대화는 이런 식이다.

A: 아니, 그 사람은 어떻게 그럴 수 있지?
그러면 안 되는 거 아니야?
B: 그렇지, 그러면 안 되는 게 맞지.
그런데 그 사람 입장에서는 그럴 수도 있잖아.
A: 아니, 나는 그 사람 입장 절대 이해하고 싶지도 않고
이해도 안 돼. 편 드냐? 너는 화도 안 나?
B: 나도 화는 나지. 그런데 그 사람 입장에서는 그럴 수 있다고.

누군가 이기적인 행동을 했을 때 우리는 화를 낼 수도 있다. 그러나 상대가 그 행동을 했다고 해서, 그리고 내가 화가 났다고 해서, 그 사람이 나의 완전한 적이라는 뜻은 아니다. 그 사람이 정말 순도 100퍼센트의 악인이라는 뜻도 아니다. 그저 '그런 나쁜 행동을 할 수도 있는 사람' 정도인 것이 더 현실적인 사고다.

그러나 편 가르기에 그런 애매한 회색 지대는 없다. '저 사람은 아무튼 다 좋은 사람', '저 사람은 아무튼 다 나쁜 사람'. 이들의 대상 표상은 흑과 백으로 나뉘어 있으며 대상 관계 역시 친구 아니면 적으로 이분되어 있다. 누군가가 내게 와서 저 나쁜 사람에 대한 좋은 측면을 이야기하면 그것이 그렇게나 듣기 싫다. 그런 이야기를 하는 저의가 의심스럽다. '이 친구도 다른 사람 편을 드네?'

어쩌다 당신이 이들의 레이더망에 포착되어 나쁜 대상(bad object)에 연결되고 범주화되는 일이 벌어진다면, 그 이후로는 무슨 일을 해도 좋은 소리를 듣기 어려우니 그 어떤 노력도 멈추고 그저 그 사람 시야에서 사라지는 편이 낫다. 당신이 무슨 일을 하든 모두 저의가 있어 보일 뿐이다. 그 불운이 자신의 수명을 다할 때까지 내버려두고, 다른 관계 혹은 당신 마음의 힘을 견고히 하는 편이 낫다.

SECTION 1

24

좋은 자기, 나쁜 자기

이들의 편 가르기에 예외는 없다. 나 자신에 대해서는 더욱 그러하다. '저 사람은 나빠. 내가 저 사람을 나쁜 사람으로 규정했다면 그런 것이야. 나는 나쁘지 않으니까. 나는 늘 선한 사람이야. 내 의도는 투명하고 순수하기에 사람에 대한 분별력도 뛰어나지.'

편 가르기를 하는 내담자들 중에 이런 생각을 하는 분을 만나면, 차라리 이 환상에 머물러 있는 편이 그 내담자를 위해서는 좋을지도 모른다는 생각을 늘 한다. 그러나 다시 말하지만, 이들의 성은 모래로 이루어져 있다. 가상으로 혹은 실제로 위협을 느끼거나 누군가 나를 떠날 것 같거나 할 때 이들의 자기 표상이 극단적으로 바뀔 수도 있다는 점이 더 큰 문제를 일으킨다. 자기 안에 좋은 자기와 나쁜 자기가 동시에 존재한다는 것을 받아들이기가 참 어렵다. 문득 자기의 모든 구석구석이 참 형편없다 느껴질 때 그 모래성은 쉽게 허물어질 채비를 한다. '왜 내게 그렇게 행동하지? 나는 나쁜, 유독한, 가치 없는 사람인가?'

사실, 살면서 나쁜 사람인 줄 알았는데 갑자기 어떤 맥락에서는 꽤 괜찮게 행동하는 사람도 있다는 것을 알게 되고, 또 그 반대의 경우도 있다는 경험을 차곡차곡 누적하면서 얻게 되는 통찰이 있다. 나 역시 때론 괜찮고, 때론 별로인 지극히 평범한 사람이라는 것. '내가 그렇게 절대 선은 아니구나. 내 판단이 틀릴 수도 있구나. 나도 이기적일 수 있구나. 나 자신에 대해서 마냥 좋게 혹은 마냥 끔찍하게 느낄 필요는 없구나. 오늘은 내가 이랬지만 내일은 다를 수 있겠구나.'

이런 통찰은 나 자신을 입체적인 사람으로 보는 눈을 갖게 하며 나의 여러 특성을 다면적으로, (0 혹은 1의 실무율이 아닌) 연속선상에서 바라보게 한다. 나를 절대 선 혹은 절대 악으로 편 가르기를 되풀이하는 사람은 내가 어떤 사람인지, 무엇을 정말 원하는지, 나의 강점과 약점은 무엇인지 알기 어렵다. 이들이 느끼는 많은 감정 경험은 무가치함, 공허함, 억울함으로 귀결된다. '나에게 다들 왜 그러지? 왜 내 마음 같은 사람이 없지?' 자신 혹은 타인에 대한 공격의 날은 더욱 벼려진다.

내 마음 같은 사람은 없다

그렇다. 내 마음 같은 사람은 없다. 애초에 내 마음이라는 것이 그렇게 정해져 있는 것도 아니었다. 이 그릇에 옮겨 담으면 이 모양이 나오고 저 그릇에 옮겨 담으면 저 모양이 나오는 것이 마음이다. 본인도 모르는 자기 마음을 알아달라며, 아군인지 적군인지 확실히 하라며 주변 사람들을 다그치지만, 사실 그 사람들도 그날그날을 수습하기 바쁘고 순간순간의 진심에 충실할 뿐이다. 그때는 평생을 맹세할 것 같은 마음이었을 것이다. 그때는 진심이었을 것이다. 그런데 그다음 날은 다른 진심이 생겼을 것이다.

흔적도 없이 사라진 새해의 다짐은 고사하고 지난 월요일 출근길에 다짐했던 나의 결의를 생각해보라. 그 마음은 월요일 퇴근길에 이미 사라졌다. 내 마음도 어쩌지 못하면서 타인을 대체 어쩔 수 있단 말인가. 편 가르기 따위로 통제될 수 있는 것이 아니었다. 통제할 수 없는 것을 통제하려 하는 그 어리석은 시도를 빨리 눈치채야 한다. 이런 부질없는 감정 노동과 과잉 방어는 번아웃을 가져온다. 내 삶에서도 관계에서도 이제 몇 가지 현실적인 규칙을 세워 자신과 타인을 조금 더 알맞게 대접할 필요가 있다.

먼저, 경계를 분명히 할 것. 그 사람은 내가 아니다. 나도 그 사람이 아니다. 같은 마음일 필요도 없고 건조한 거리에서 서로의 단점을 이야기할 수도 있다. 어느 날, 그 사람이 상처받은 표정으로 내게 불만을 털어놓을 수도 있고 나의 사람들을 욕할 수 있다. 그건 나를 적으로 돌리겠다는 뜻이 아니다. 오히려 나여서, 나니까 털어놓는 말일 수 있다. 나를 공격하려는 것이 아니다. 왜 이런 말을 나에게 하지, 하고 분한 마음이 솟아오른다면 스스로를 진정시킬 일이다. 그 사람들은 내가 아니다. 성인으로서 때로는 서로를 지적해도 되고, 때로는 적당히 화를 내도 된다. 상대를 보는 것이 불편하다면 그 사람을 좀 멀리해도 된다. 나의 신체 일부를 도려내는 듯한 고통을 느낄 필요도 없다. 그 사람은 그 사람의 생을 살고 있다.

다음으로, 즉시 대응하지 말 것. 중립적인 단서 혹은 부정적인 피드백을 너무 개인적인 의미로 받아들이면 일은 꼬인다. 없던 적도 만들 판이다. 누구든 각자의 이익이나 각자의 논리에 부합하는 행동을 할 수 있다. 왜 안 되겠는가? 그럴 수도 있다. 이럴 때엔 짜증내거나 반격하거나 대응할 필요 없이, 내가 할 수 있는 가장 합리적인 반응을 해주면 된다. 특히나 애초에 대인관계에서 하등 필요 없는 감정이 짜증이다. 짜증은 상대가 나의 마음을 바라보고 알아봐 주는 그 귀한 순간을 잃게 한다. 정말 이것이 무슨 상황인지를 명확히 파악하고 싶다면 이 예상치 못한 위협에 대응하는 것을 잠시만 멈추고, 어떻게든 공감력을 최대한 끌어올려 일단은 나의 방어막도, 그 사람의 방어막도, 합리적인 수준으로 낮추어야 한다. 내게 의미 있는 대상이라면, 그의 행동에 격분하기에 앞서 가능한 한 상대를 짠하게 바라볼 일이다. 내가 더 크게 품어버리면 된다. 나는 그 사람보다 큰 사람이니까. 당장 부모의 원수 대하듯 할 필요 없다. 어떻게든 서로의 이야기를 들어볼 수 있는 통로를 만들어두면 이 관계는 언제든 어디에서든 다시 이어질 수도 있다.

    마지막으로, 상처받은 당신의 감정이 머무를 자리를 줄 것. 우리는 상처받아왔고, 또 언제든 상처받을 수 있다. 하필이면 여러 불운이 겹쳐 주양육자와의 편안한 관계가 형성되지 않아 나의 슬픔과 분노와 불안과 우울을 위로받지 못했다면, 또 좋은 대상과 나쁜 대상은 딱히 분리되어 있지 않으며 사람은 누구나 너무나 복잡다양하고 유동적인 모양을 띤다는 이 충격적인 사실을 충분히 애도하지 못했다면, 그래서 그저 하던 대로 아군과 적군만을 간신히 구분하며 이 위협적인 세상에서 살아남기 위해 고군분투해왔다면, 지금까지의 삶은 참 많이 고단했을 수 있다. 고통스러우면 한참 우울에 잠겨 있다 나와도 된다. 나와 나의 관계와 나의 환경이 나의 기준에 미치지 못한다는 느낌이 들면 또 그저 불안해해도 된다. 그 감정들은 다시 우리가 갈 길을 일러준다. 스쳐지나가는 감정들을 있는 그대로 바라보고, 또 천천히 우리는 길을 가면 된다.

    월세도 안 나올 모래성은 그만 쌓을 일이다. 우리의 삶과 관계는 흑과 백도 아니고 성곽 안도 아닌, 이어진 길 위에 있었다. 완전한 친구도 완전한 적도 없이, 나 스스로가 내게 친구가 되고 때로는 적이 되는 그 묘한 길을, 재미있다는 듯이 걸어가면 될 일이다.

QUESTION 3

식물 세계의
네 편 내 편

The struggle between
wild plants

송은영
식물세밀화가

식물세밀화

QUESTION 3 　식물세밀화　식물 세계의 내 편 내 편　　송은영 (식물세밀화가)

서양갯냉이

서양갯냉이는 식물의 가족행동을 통해 편 가르기를 한다.

귀화식물인 서양갯냉이는 곧게 자라다 옆으로 퍼지거나 누워 자란다.

이러한 성질에도 불구하고 동일 모계의 서양갯냉이들을 심으면 각자 뿌리와 잎의 확장을 제한해 서로 공존할 수 있는 방법을 찾아낸다.

반면, 다른 모계의 서양갯냉이들을 함께 심으면 서로 양분과 수분을 확보하기 위해 경쟁적으로 뿌리를 옆으로 뻗고 잎의 크기를 확장해 다른 식물의 성장을 방해한다.

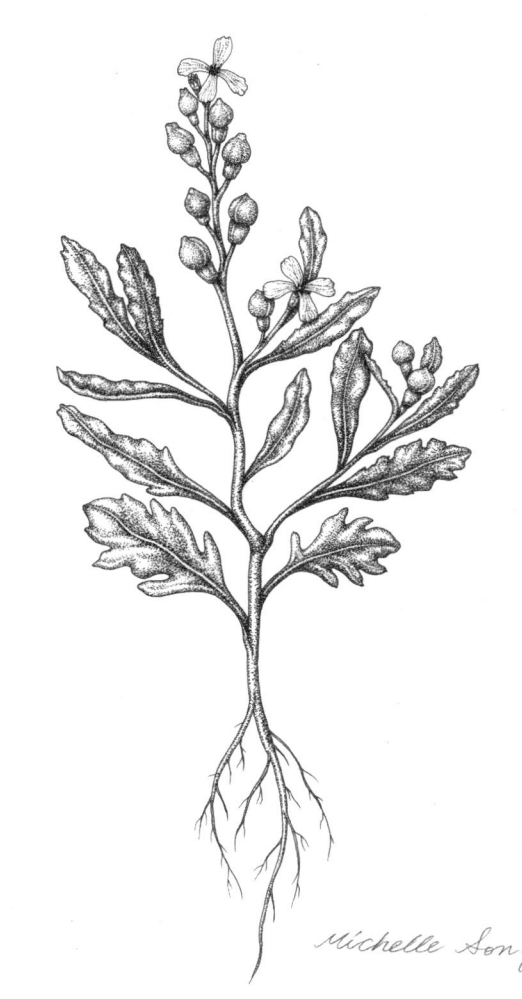

서양갯냉이, 펜화

TENDENCY

29

소나무

보이지 않는 땅속에서는 식물 뿌리들의 편 가르기가 이뤄진다.

흔히 소나무 밭이라고 부르듯 소나무는 끼리끼리 한 공간에서 가득히 자라난다.

이는 소나무가 다른 종류의 식물이 나타나면 뿌리로 화학물질을 방출해 생존을 방해하기 때문이다.

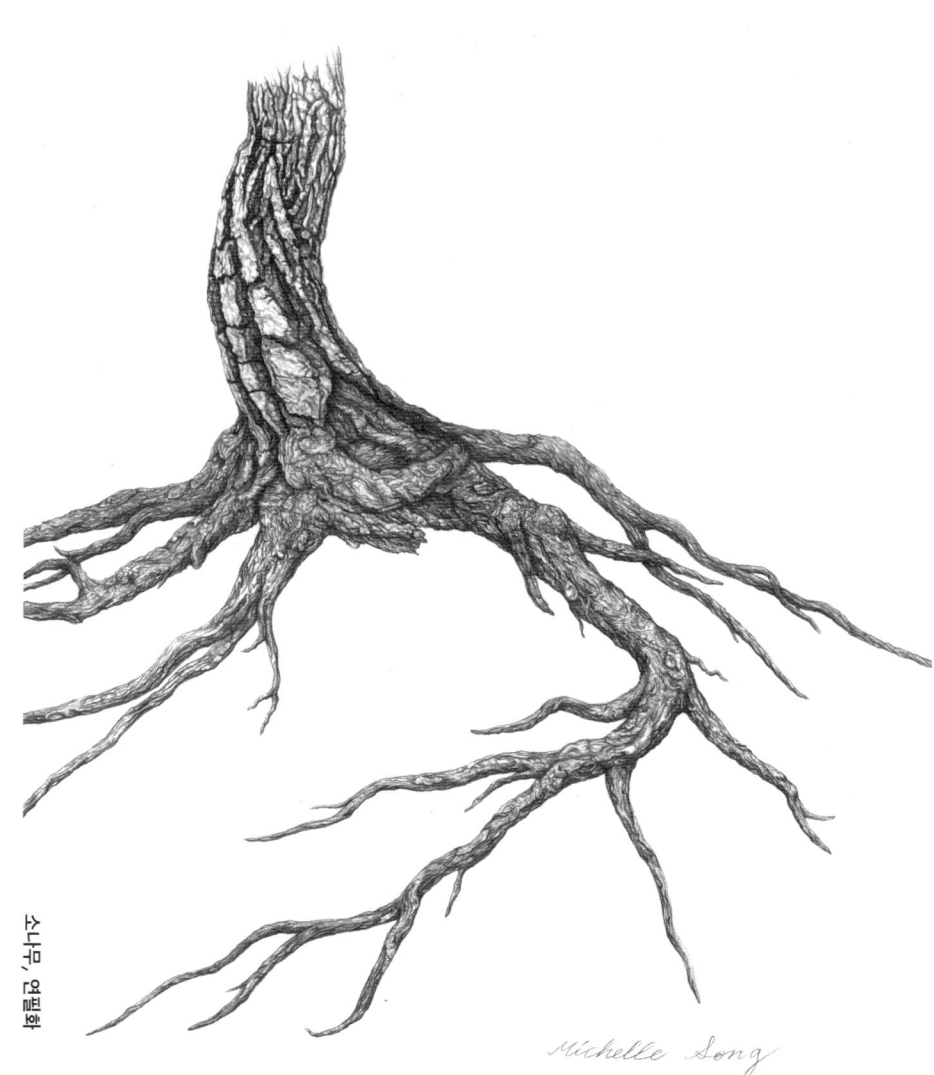

소나무, 연필화

Michelle Song

두릅나무와 칡과 새삼

덩굴 식물인 칡은 두릅나무를 기둥 삼아 빛을 따라 타고 올라가며 기둥식물인 두릅나무의 생명을 앗아간다.

이때 나타난 기생식물인 새삼이 칡을 휘감아 뒤덮으며 칡을 서서히 죽여나간다.

「적의 적은 내 친구인가?」
두릅나무, 칡과 새삼의 관계에서, 적의 적은 또 다른 적일 뿐이다.

Michelle Song

두릅나무와 칡과 새삼, 색연필화

QUESTION 3 식물세밀화 식물 세계의 대표 내표

송은영(식물세밀화가)

QUESTION 4
에세이

뜨개질처럼 모두 연결되어 있어요
We're all linked by yarns
문보영 시인

Photo by Clark Van Der Beken on Unsplash

글쓰기에 관해서라면 저는 제 자신이 걸어다니는 사과나무라고 생각합니다. 나무에는 사과가 자꾸 열려요. 그리고 저는 둥근 바구니를 들고 있습니다. 제가 할 일은 나무에서 떨어지는 사과를 바구니에 담는 일이에요. 집에 돌아와 바구니를 털어 오늘 모은 사과를 꺼냅니다. 사과가 많이 떨어진 날은 수확이 좋은 날이에요. 주운 사과로 뭘 해야 할지는 아직 모릅니다. 사과가 떨어지면 일단 주울 뿐입니다. 메모를 하지 않은 날은 바구니가 텅 빈 날과 마찬가지죠. 아, 메모에 관해서라면 흥미로운 친구를 한 명 압니다. 학창 시절에 알던 친구입니다. 친구는 아침이면 가방에서 깨끗한 하얀 전지를 꺼내 책상 위에 붙였습니다. 그리고 그 위에 교과서를 펴고 필기구를 놓고 수업을 준비했죠. 책상을 깨끗하게 사용하려고 전지를 붙인 줄 알았는데 알고보니 책상에 마음대로 낙서를 하기 위해서였어요. 하얀 전지는 연습장이자 보조 노트였죠. 친구는 수학 시간에 교과서 여백 대신 책상을 사용했어요. 영어 단어나 한자를 외울 때는 책상 위에 적었고요. 수업을 듣다가 필기할 공간이 부족할 때도 전지를 활용했습니다. 필기한 부분은 형광펜으로 테두리를 그려놓더군요. 제 경우에는 교과서로 충분했는데 친구는 늘 공간이 부족한 모양이었습니다. 친구는 교과서 바깥으로 나가는 아이, 자꾸 넘치는 아이였어요. 친구는 거기에 하잘것없는 낙서도 했습니다. 그림을 그리기도 했고 알 수 없는 비밀 문자를 그려넣기도 했죠. 부스럭거리는 전지를 보고 있노라면, 횟집에서 혹은 장례식장에서 테이블에 까는 비닐이 떠올랐어요. 비닐을 깔면 테이블을 닦는 대신 비닐을 거두기만 하면 되잖아요? 그래서 음식을 잔뜩 흘려도 될 것 같아요. 친구가 끊임없이 밥풀을 흘리고 있는 것 같았어요. 친구는 '넘치게 쓰는 아이' 혹은 '마음껏 흘리는 아이'였습니다. 친구는 집에 갈 때 꼭 전지를 떼어내 깔끔하게 각을 맞춰 접어 가방에 넣었어요. 집에 가서 밥풀을 떼어내려고 그러는 걸까요? 친구는 집에 가서 그 종이를 지도 삼아 펼쳐봤을 겁니다. 책상에 온갖 것들을 흘리고, 집에 가져가 연구하는 친구의 밤을 생각하면 피식 웃음이 나옵니다.
 그런데 흘린 밥풀을 떼어다 뭔가를 제작하는 직업을 갖게 된 건 오히려 저네요. 일상에서 생기는 부스러기를 잘 모아 뭔가를

만드는 것이 창작이 아닌가, 하는 생각이 듭니다. 그런데 친구는 짝인 저에게 피해를 주지 않으려는 듯이, 전지가 제 쪽으로 넘어오지 않게 늘 조심했어요. 서운할 정도였죠. 그래서 가끔 친구 몰래 낙서를 했어요. 친구의 이야기에 저도 등장했으면 해서요. 귀찮게 전지를 반으로 나누지 말고 같이 써도 좋았을 거예요. 저는 그 전지가 커다란 일기장이라고 생각해봤어요. 공동의 일기를 쓰는 거예요. 필기도 공동으로 하고요. 책상에 선을 긋고 서로 넘어오지 말라고 하는 건 서운하잖아요?

일전에 낭독회에서 독자들과 공동 창작의 시를 쓰곤 했어요. 독자분들은 아무 문장이나 하나씩 준비해오셨어요. 주제도 맥락도 없는 한 문장이었죠. 한 명이 첫 문장을 외치면 그다음에 아무나 손을 들고 자신이 준비한 문장을 말했어요. 그렇게 시를 완성했죠. 시를 완성하면 다시 헝클었어요. 그리고 다시 썼어요. 준비해온 문장을 적은 종이 뒷면에는 번호가 적혀 있어요. 그리고 번호를 추첨했습니다. 뽑힌 순서대로 문장을 나열했어요. 그런데 이상하게 말이 되는 거예요. 그다음에는 그 시를 마지막 문장부터 거꾸로 읽어보았습니다. 더 좋더군요! 웃긴 건, 뽑기로 쓰인 시가 더 좋았다는 거예요. "공기가 시를 썼습니다, 여러분!" 저는 말했습니다. 공동 창작의 에센스는 '우연' 혹은 '공기'인지도 모르겠습니다. 나 혹은 너 혹은 우리보다 좋은 건 그 모든 게 아닌 것인지도 모르겠어요. 우리 사이에 흐르는 공기를 믿는 거 말이에요.

함께 쓰기에 관하여

일전에는 동료 작가와 공동 창작의 시를 쓴 적이 있는데요, 그때도 재미있는 경험을 했어요. 어차피 내 시가 아니니까 대충 쓰자, 하고 생각하니 자꾸 좋은 문장이 나오는 거예요. '내가 너무 내가 아니기'가 공동 창작의 비법인지도 모르겠습니다. 며칠 전에 클럽하우스라는 SNS를 알게 되었어요. 오직 음성으로만 소통하는 SNS더군요. 공동 창작을 하기에 좋을 거란 생각을 했습니다. 그곳에서 '우리들이 아무렇게나 지껄인 이야기가 소설이 됩니다'라는 방을 열었어요. 준말은 '우지소'예요. 이 방에 들어온 사람들은 모두

'우지소'라는 집단 작가가 되고 한 시간 동안 함께 소설을 만들어요. 다 같이 등장인물을 만들고, 시공간과 상황을 정하고 문장을 고민하죠. 우리는 '준타'라는 곳에서 도망친 난민 '푸삭'에 관해 쓰기로 했어요. 그리고 '설'이라는 인물을 만들었죠. 설은 과거에 미련이 있는데 새로운 걸 시작하고 싶어 하는 인물이에요. 그리고 사계절에 한 번씩 애인이 바뀌어요. 그리고 설에게 집이 없었으면 좋겠다는, 누군가의 의견에 따라 설에게는 집을 주지 않았어요. '모로코'는 실눈을 가진, 정치범을 잡는 사람이고요, '우연'은 설의 애인이자 여행자예요. 이제 여기서 두 명을 죽이기로 했어요. 그렇게 우리는 소설의 첫 문장을 시작했습니다. "준타는 위험하다"가 그것이죠. 두 명을 죽이는 미션을 수행하며 소설은 끝이 납니다. "내가 걔를 죽인 건 우연이 아니다"라는 문장과 함께.

   이 방은 아주아주 고요해요. 다 같이 머리를 맞대고 하나의 이야기에 집중해요. 바둑을 두듯 한 명이 문장을 내놓고, 또 한 명이 문장을 내놓습니다. 이 방에서 나와 너의 구분 같은 건 사라져요. 한 명이 쓴 문장은 다른 이가 쓴 문장 위에 쌓일 뿐이에요. 혼자 쓴 문장이란 이 방에서 존재하지 않죠. 뜨개질처럼 모두 연결되어 있어요. 우리는 여러 사람이 모여 만들어진 존재니까요. 우리가 오래오래 소설을, 일기를, 시를 쓰기를 소망해요. 열렬하고 소박하고, 재미있고 무엇보다 행복하게. 다 같이 하나의 전지 위에 마구마구 글을 쓰는 거예요.

SURROUNDINGS

SECTION 2 / SURROUNDINGS

적은 없되 동무도 없다 언어 한성우(국어학자)
차별과 혐오의 기술자, 딥페이크 저널리즘 미디어 정준희(미디어학자)
"적의 적은 우리의 친구" 과학·종교 리처드 도킨스(진화생물학자)
KEEP! 일러스트 윤파랑(만화가)
하지만 그럼 고슴도치는요? 비평 강보원(문학평론가)

QUESTION 5

언어

적은 없되 동무도 없다

'Enemies' and 'companions' in Korean

한성우
국어학자

'친구는 있는데 적은 없다.' 누군가 이러한 삶을 살았다면 참 괜찮은 삶을 살았다 할 수 있을 것이다. 그러나 성인이라면 모를까 범인은 이런 삶을 살기 어렵다. 그런데 사람 혹은 삶에 대한 이야기가 아닌 말에 대한 이야기로 넘어가면 사정이 달라진다. 우리말의 과거와 현재 그리고 방언의 구석구석을 둘러봐도 친구는 있는데 적은 없다. 그렇다면 우리말에는 온통 친구 같은 존재만 있는 것일까? 말의 속내를 속속들이 들여다보면 자못 복잡한 양상이 나타난다.

친구의 애매함, 벗의 친근함

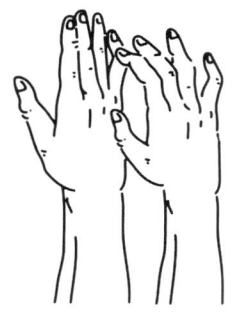

물론 '친구(親舊)'나 '적(賊)'과 같은 한자어가 아닌 고유어에 한정해야 한다. '친구' 대신 쓸 '벗'이나 '동무' 같은 고유어는 있지만 '적'을 대신할 고유어는 찾으려야 찾을 수 없다. '원수(怨讐)'도 있고 '앙숙(怏宿)'도 있지만 미움과 싸움의 대상을 일컫고자 할 때 딱 떨어지는 고유어가 없다. 우리말 어휘 중 한자어의 비중이 높고 과거에 쓰였던 고유어들도 한자어에 밀려나는 경우가 종종 있는 것을 감안하더라도 특이한 사실이다.

한자어 '親舊'는 영 고약하다. 실록을 비롯한 과거의 문헌에도 이렇게 나오니 본래 고유어인데 누군가 한자를 가져다 붙인 것은 아닌 듯하다. 그런데 '친하다'와 '오래'란 뜻의 결합이 선뜻 와닿지 않는다. 게다가 한자나 한자어를 공유하고 있는 중국과 일본에서도 잘 쓰지 않는 단어다. 본래 한자 하나가 단어 하나를 나타내고 '友'라는 한자가 버젓이 있는데 굳이 '오래 친하다'는 다소 어색한 뜻의 '친구'를 만들어 썼다는 사실이 의아하다. 한자어의 일반적인 구성을 따져봐도 친한 친구를 뜻하는 '親友(친우)'나 뜻을 겹쳐 더 강화할 수 있는 '朋友(붕우)'가 있고 실제로도 쓰였으니 더 그렇다.

한자어인 '친구'는 고유어 때문에 과거에는 큰 힘을 쓰지 못했다. 본래 '벋'이었다가 후에 '벗'으로 바뀐 고유어 때문이다. 윤선도의 시조 〈오우가(五友歌)〉의 첫 구절 '내 버디 몃치나 하니'에서 본래 '벋'이었던 것을 확인할 수 있는데 17세기에 들어

'벚'과 '벗'이 나타나다가 18세기 이후에는 '벗'만 쓰인다. 한 음절로 된 이 단어 하나만으로도 충분하다 보니 일상에서는 굳이 '친구'를 쓰는 일이 드물었던 것으로 보인다. 한글 문헌을 뒤져봐도 '친구'는 17세기 이후에야 조금씩 나오기 시작한다.

       그런데 이 '벗'이 '친구' 따라 저 멀리 떠나버렸다. 속담 '친구 따라 강남 간다'는 본래 '벗 따라 강남 간다'였다. 그런데 벗이 잘 쓰이지 않다 보니 속담에서도 친구로 대치되는 상황이 되었다. 요즘 누군가 '벗 따라 강남 간다'라고 쓴다면 드라마 〈별에서 온 그대〉의 남자 주인공 취급을 받을 수도 있다. 일상에서 '벗'을 들어본 기억이 가물가물하다. 조용필의 〈친구여〉에서도 알 수 있듯이 노랫말에서도 '벗'은 '친구'에게 모든 자리를 내어주고 있는 상황이다.

동무의 배신

벗과 나란히 쓰이던 '동무'의 사용양상 변화는 더 극적이다. 동무는 왠지 한자어일 듯한 느낌이 들지만 엄연한 고유어다. 과거에는 '동모'로 나타나기도 하고 방언에서는 '동미, 동메, 동뮈' 등으로도 나타난다. 뜻을 같이하는 사람을 '동지(同志)'라 하니 '동무'에도 한자를 가져다 붙이고 싶지만 한자로 쓰인 일이 없다. '동모'는 18세기 문헌에서 나타나기 시작하고 '동무'는 20세기 성경에서 주로 나타난다. '벗'보다는 늦게 사용되었지만 널리 쓰인 말이다.

동무는 벗이나 친구와 함께 쓸 수 있는 평범한 말이었다. 함께 어깨를 걷고 놀던 아이들의 정겨운 모습이 그려지는 '어깨동무'가 그 예다. 널리 사랑을 받은 가곡 〈동무 생각〉의 '청라 언덕과 같은 내 마음에 백합 같은 내 동무야'에서도 역시 친근함이 느껴진다. 이 노랫말의 화자는 남학생이고 그 대상인 동무는 여학생이다. 이런 사례를 보면 동무는 남녀노소를 가리지 않고 널리 쓰이던 말이었다.

그러나 동무가 삼팔선을 넘으면서 상황이 급변하기 시작했다. 본래 한반도의 북부에서도 쓰이던 말이었는데 이 땅에 사회주의가 세력을 넓혀가는 과정에서 '혁명을 위해 함께 싸우는 사람'의 뜻으로 쓰이기 시작했다. 그 이후 북쪽에서는 일상의 말에서도 남을 친근하게 부르는 말로 쓰이게 됐지만 단어 자체에 붉은 물이 짙게 배어들어 남쪽에서는 쓸 수 없는 말이 되었다. 친근함이 넘치는 말인 동무를 영영 빼앗긴 격이다. 남쪽에서 그토록 미워하는 '빨갱이'들이 쓰는 말이니 동무란 말을 쓰는 이도, 그렇게 불리는 이도 빨갱이라는 등식이 성립하기 때문이다. 그 결과 동무는 '어깨동무 내 동무 이야기 길로 가자'로 시작되는 동요 〈이야기 길〉이나 가곡 〈동무 생각〉에서나 입에 담을 수 있는 단어가 되었다.

'나, 너, 우리'의 편 가르기

'나는 있는데 그가 없다.' 우리가 쓰는 온갖 말과 글을 다 모아서 분석해보면 인칭대명사가 가장 많이 등장한다. 일인칭 대명사 '나'가 가장 많고 이인칭 대명사 '너'가 뒤를 잇는다. 그런데 당연히 뒤따라야 할 삼인칭이 애매하다. 심지어 과거의 우리말 고유어에는 삼인칭 대명사가 없었다. 이전에는 없었던 '그'나 '그녀'는 20세기 초 소설가들이 노심초사해서 만들어낸 대명사들이다.

적과 친구의 구별은 편 가르기로부터 시작된다. 이 편 가르기는 놀이나 싸움에서나 있을 듯하지만 일상 속 우리가 쓰는 말에서 가장 많이 나타나는 일이기도 하다. 일인칭 대명사라고 불리는 '나'는 자아에 대한 인식이 정립되고 나서야 쓸 수 있는 말이지만 그와 동시에 타자에 대한 인식도 병행되어야 한다. '나'란 말을 쓰는 순간

나와 남이 구별되고 일상에서 그 말을 가장 많이 쓰면서 자아와 타자의 편 가르기를 늘 하게 되는 것이다.

'나'가 편 가르기를 한다지만 타자들을 싸잡아 적으로 만드는 것은 아니다. 나의 앞에 있는 '너'는 자아가 가장 가까이에서 마주칠 수 있는 타자다. 이인칭 대명사라 일컬어지는 '너'는 '나'가 아니기에 적이 될 가능성이 있지만 눈앞에 있기에 언제든지 뜻을 함께하며 '우리'가 될 수 있다. '나'가 '우리'가 되면 친구 하나가 는 것이기도 하지만 적 하나가 준 것이기도 하다. 이인칭이 일인칭과 섞이면서 일인칭으로 바뀌는 마법이기도 하다.

삼인칭 대명사가 없다고 해서 삼인칭이 아예 없었다는 것은 아니다. 대명사가 없다는 것일 뿐이니 과거에 삼인칭을 언급하려면 개인의 구체적인 이름이나 집단의 이름을 대는 것으로 대신했을 것이다. 적어도 눈앞에 없는 이들을 '그, 그녀, 그들'로 싸잡아서 부르지는 않았다는 것이다. 편 가르기는 하더라도 그들을 한 묶음으로 부르기를 게을리했다는 것은 느슨한 편 가르기의 방증일 수도 있다.

증오의 '연놈'

인칭대명사가 있다지만 더 편하게 편 가르기를 할 수 있는 말이 있다. 가장 확실한 존재 '나'가 있으니 이것의 여집합을 가리키는 말로 편 가르기를 하면 된다. 가장 먼저 떠오르는 말은 '남'이고 옛말까지 영역을 확대한다면 '여느'까지 떠올릴 수 있다. 이들은 각각 기원적으로 '놈'과 '녀느'였다. 그런데 이 말들을 보면 가장 흔한 욕 '놈'과 '년'이 자연스럽게 떠오른다. 자연스럽게 '연놈'의 어원을 나 아닌 것에 대한 증오에서 찾고 싶어진다.

'남'과 '놈'의 관계를 따져보면 개연성이 조금은 있다. '남'의 고어인 '놈'에서 'ㆍ(아래 아)'가 'ㅗ'로 바뀌는 것은 드문 일이지만 받침에 'ㅁ'이 있으니 안 될 것도 없다. 게다가

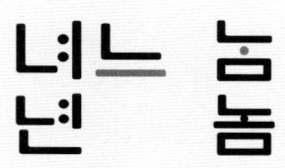

방언에서는 '넘'으로 나타나는 일이 많은데 '넘'과 '놈'은 말소리의 변화 과정을 따져보면 비교적 쉽게 넘나들 수 있다. 나 아닌 타자를 가리키는 말이 욕으로 발전했다는 이야기까지 붙이면 왠지 그럴듯해 보인다.

그러나 '년'과 '여느'의 옛말 '녀느'를 연결 짓는 것은 무리가 많다. '녀느'에서 모음 'ㅡ'만 떨어지면 '년'이 되지만 말소리는 그렇게 떡 주무르듯 마음대로 변하는 것이 아니다. 이런 식이라면 한자 '女(계집 녀)'에 'ㄴ'이 붙어서 '년'이 되었다고 갖다 붙여도 할 말이 없다. '년'과 '녀느'가 말소리가 비슷하다지만 이러한 변화가 일반적인 것은 아니다.

증오를 담은 '연놈'을 '남' 또는 '여느'와 연결 짓는 것은 여러모로 무리가 있다. 말소리의 변화 과정과도 맞지 않을 뿐만 아니라 뜻을 봐도 그렇다. '남'과 '여느'에는 비하나 증오의 의미가 없다. 그저 '나'와 구별하기 위한 말일 뿐 '나'가 아니라고 해서 이런 의미를 담아야 할 이유도 없다. 친구는 있되 적은 없는 것처럼 나 아닌 타자에 대한 인식은 있되 그에 대한 증오는 없다.

'니들'과 '지들' 그리고 '우덜'의 변신

너희들
니들

저희들
지들

우리들
우덜

'나, 너, 우리'의 편 가르기가 느슨하기는 하지만 이것이 복수로 표현되면 사정이 달라진다. 이인칭 '너'의 복수는 '너희'인데 더 확실하게 복수를 나타내기 위해서 '너희들'로 많이 쓰인다. 삼인칭은 단수도 애매하고 복수는 더더욱 그래서 '저들'이나 '저희들'이 사전에도 오르지 못한 채 쓰인다. '우리'는 본래 복수인데 더 확실히 하기 위해서 '우리들'로 쓰인다. 그런데 이것이 일상의 말이나 방언에서는 소리도 다르고 그에 따라 의미도 확연히 다르게 나타난다.

일상에서의 이인칭과 삼인칭 복수 대명사는 '니들'과 '지들'이다. '너희들'이 '니들'로, '저희들'이 '지들'로 바뀌기는 어려우니 복잡한 과정이 있었겠지만 어쨌든 현실에서는 이리 쓰인다. 그런데 '니들'과 '지들'에서는 심한 편 가르기의 냄새가 난다. 내가 아닌 남들을 일컫는 말일 뿐인데 '니들'과 '지들' 뒤에 이어질 말에서 우호적인 분위기를 기대하기는 어렵다. 비하, 무시, 비아냥거림, 적개심 등이 느껴질 뿐이다. 방언에서 나타나거나 사전에도 오르지 못하는 점잖지 못한 말이기 때문일 수도 있다. 그러나 사실 우리 모두가 이런 대명사를 은연중에 쓰면서 이런 느낌을 드러낸다.

'우덜' 또한 방언의 냄새, 특히 반도의 서남부 말의 내음을 강하게 풍긴다. '우리들'이 '우덜'이 되는 것도 쉬운 과정은 아니지만 나와 나의 친구들, 즉 남이 아닌 이들의 집합이니 굳이 부정적인 느낌이 들 이유는 없다. 그러나 이 '우덜'에 속하지 않는 이들이 강한 적개심을 드러낸다. 지역색과 정치색까지 어우러져 시비와 싸움의 빌미가 되기도 한다. '우리가 남이가?'라 말하는 이들과 '우덜찌리'라 말하는 이들의 다툼이다.

네가 있음에 내가 있다

조용필이 부른 〈여와 남〉에서는 수수께끼 같은 가사가 들린다. 여러 차례 반복되는 '내가 있음에 네가 있고, 네가 있음에 내가 있다'가 그것이다. 스스로 되뇌어보아도 헷갈리지만 이 노래를 모르는 이에게 불러준다면 의아하다는 표정을 지을 것이다. 가사 속의 '내'와 '네'를 구별해서 발음할 수 있는 이가 요즘에는 많지 않다. 그래서 조용필은 '네'를 '너'라 바꾸어 노래한다. 요즘 사람들은 아마도 '네'를 '니'라 바꿀 것이다.

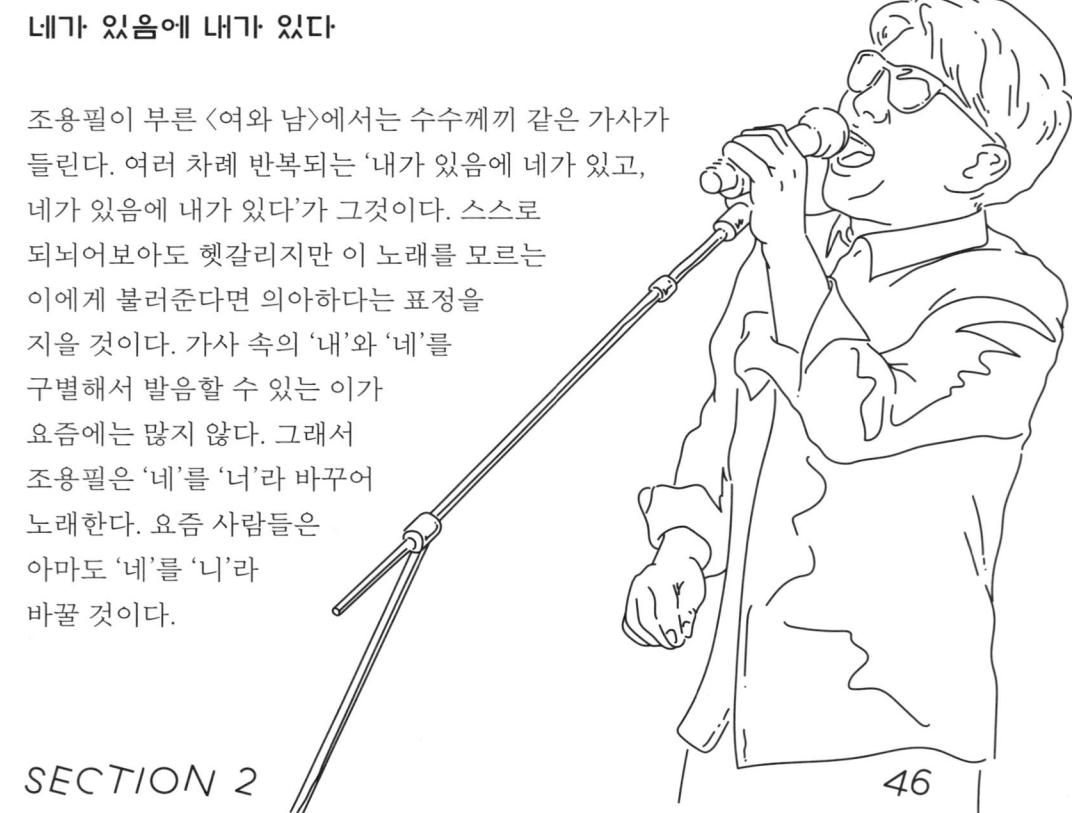

SECTION 2

말장난이 아니다. '내'와 '네'가 구별되지 않는다는 것은 '나'와 '너'가 구별되지 않는다는 것이다. 우리가 일상에서 하는 말에서는 일인칭과 이인칭이 구별되지 않으니 나와 너의 편 가르기도 존재하지 않는 것일 수도 있다. 아니, 말장난 이상의 심오한 의미가 가사에 담겨 있다. 네가 없어도 내가 있을 수 있지만 네가 있기에 내가 의미가 있다. 네가 있기에 우리가 있을 수 있고 저가 있기에 우리가 있을 수 있다. 노랫말 지은이가 이것까지 의도했는지는 모르지만 가사가 말 그대로 장난이 아니다.

친구는 있되 적은 없다. 벗과 동무는 있되 이에 맞서는 고유한 우리말이 없다. 나는 있되 너나 저 없이는 나도 없다. 존재로서의 나는 있을지라도 너나 저가 없다면 '나'라는 인칭이나 그것을 나타낼 말이 있을 필요가 없다. 나와 너, 그리고 저가 있기에 우리도 있다. 나, 너, 우리가 본래 편 가르기의 말이지만 공존 속에서만 가능한 말이다.

너는 있되 적은 없다. 나와 남 혹은 여느는 있되 공생의 의미만 있다. 남과 여느를 증오의 '연놈'과 관련지으려는 설명은 말짱 거짓말이다. 남과 여느는 그저 공존하는 이들에 대한 인지를 드러내는 말일 뿐이다. 그와 저는 있되 삼인칭은 본래 없었다. 눈앞에 있지 않은 이들까지 굳이 편 가르기를 할 필요가 없었던 것이다.

그러나 니들과 지들에 담긴 편 가르기의 냄새는 아프다. '우리가 남이가'를 외치면서 '우덜찌리' 다 해치우려 하면 그 냄새를 지우기가 어렵다. 그러나 '우리' 또는 '우덜'의 우리를 더 키우면 될 일이다. 반도 남쪽의 동과 서를 한 우리로 엮으면 니들과 지들의 증오가 씻길 수 있다. 남과 북의 경계를 허물고 어깨를 결어 새로운 우리를 만들면 잊힌 동무도 다시 소환할 수 있다. 네가 있음에 내가 있고 저희가 있음에 우리가 있다.

차별과 혐오의 기술자, 딥페이크 저널리즘

DEEP-FAKE JOURNALISM WITH DISCRIMINATION AND HATRED

정준희
미디어학자

QUESTION 6
미디어

초등학교 시절(솔직히 고백하자면 국민학교 시절)의 일을
떠올려볼까? 전두환 정부가 들어서면서 언론통폐합을
단행했고, 가장 인기 높았던 상업방송 TBC가 지금의 KBS2로
흡수됐다. TBC는 드라마와 버라이어티쇼로도 유명했지만,
〈황금박쥐〉, 〈그랜다이저〉 등과 같은 일본 애니메이션을
통해 속칭 '초딩'들의 마음까지 사로잡았던 채널이기도 했다.
창졸지간에 상업방송에서 공영방송으로 흡수된 TBC의
재기발랄한 유산은 삼청교육대식 순화(純化/醇化)의 압력을
견뎌내지 못한 채 얌전한 송아지처럼 순화(馴化)되어갔다.
게다가 민족문화 운동에 편승한 정부 주도적 '국풍(國風)'으로
텔레비전에서 일본 애니메이션은 사라졌다. 그때 불었던
극일지향적 국풍이 11세기 일본에서 기존의 당풍(唐風)을
벗어나기 위해 시작된 국풍문화(國風文化, 고쿠후분카)를
본뜬 게 아니냐는 의심, 그리고 방영 중단 전에 몰아서 편성된
대량의 일본 애니메이션 세례 덕에 한동안 초딩들이 누릴 수
있었던 행복 등, 여러모로 중첩된 아이러니도 있었지만 말이다.

그 무렵 학교에는 일본 애니메이션에 등장하는 캐릭터를
흉내내며 책상 사이와 복도를 뛰어다니는 아이들이 가득했다.
아무도 원하지 않는 '악당' 역을 떠맡게 된 억울한 소수를
선하고 힘까지 센 '우리 편'이 신나게 무찌르는 역할극. 새로운
애니메이션이 방영될 때마다 아이들은 '우리 편'이 누군지를
선별했고, '우리 편, 좋은 편'이자 '이기는 편, 내 편'이 되는

집단 활극을 반복했다. 이 유구한 의례는 〈가면라이더〉나 〈파워레인저〉처럼, 생각해보면 참 장르 명칭도 적확하게 지어진 '전대물(戰隊物)'과 함께 커온 지금 세대에까지도 전승되고 있는 듯하다.

여기서 중요한 것은 선과 악 그리고 아군과 적군을 선명히 가르는 미디어적 내러티브 관습뿐 아니라, 그것을 재현하는 맥락 속에서도 '피아(彼我) 식별의 정치학'이 작동한다는 점이다. 선하고 힘센, 따라서 마땅히 승리하는 가상적 '우리 편'에 속하기 위해선 사전에 실체적으로 형성되어 있는 지배적인 파벌 안에 들어야 했고, 그들에 의해 낙점될 수 없었던 불쌍한 타자들은 별 수 없이 '나쁜 편'으로서 응징당하는 굴욕을 반복적으로 감수해야 했다. 승패가 정해진 이 어이없는 싸움을 거부하지 못했던 건 그것이 곧 지배적 파벌이 설치한 놀이의 장에서 배제되는 더 큰 소외를 의미했기 때문이었다. 요컨대 재현된 피아의 구별, 다툼, 승패는 현실의 권력 관계를 반영하며, 다시 현실의 권력은 이런 가상적 의례의 반복적 재현을 통해 자신의 유효함을 확증한다.

다소 단정적인 말일지는 모르겠지만 편 가르기는 인간 본성에 내재되어 있고 우리/그들의 구분은 생득적 범주에 해당한다. 또 사실상 모든 인식은 '구별(distinction)'이며 그것은 '선 긋기'에서 시작한다. 그어진 그 선의 양측에 각각 호오의 감성적 가치를 부여하고, 공존이 가능하거나 불가능한 경쟁의 구도로까지 나아간다면 편 가르기의 극단성이 가중된다. 따라서 '미디어는 왜 편을 가르는가'라는 문제 설정에 그치면 그다지 흥미로운 논의가 이어지기 어렵다. 진화생물학적으로 유리하기 때문에 우리가 내재적으로 갖게 된 인식론적 범주와 그에 근거를 둔 편 가르기 성향이 있고, 미디어는 그런 성향에 가장 잘 부응할 수 있는 방식으로 움직이게 마련이라는 기능론적 설명이면 충분하지 않은가. 따라서 '왜'보다는 '어떻게' 미디어가 편 가르기에 동참하거나 이를 주도하고 있고, 그것이 '얼마나' 깊은 수준의 적대성을 유발하며, 결과적으로 '어떤' 사회적 효과와 연결되는가의 문제에 집중해보면 좋을 듯하다.

미디어 속의 적대성: 허구와 사실, 그리고 그 중간 어딘가

미디어의 편 가르기는 크게 허구(fiction)에 기반을 둔 것과 사실(fact)에 기반을 둔 것으로 나뉜다.

전자의 대표적 사례로는 영미 주도의 서방세력과 소련을 중심으로 하는 사회주의 블록 간 갈등의 형태로 세계 질서를 재현해낸 냉전시대 영화, 〈007〉 시리즈가 있다. 물론 그전에도 도시와 들판(혹은 숲, 바다 등)이라는 공간적 구분을 통해 세계를 '문명 대 야만'으로 나눈 고대 그리스-로마적 편 가르기 내러티브가 있었고, '중화 대 오랑캐', '군자 대 소인'이라는 적대성을 창출한 동아시아적 내러티브, 천사/악마, 성/속, 기독교/이교도의 대립구도를 재생산하는 데 주력했던 중세 유럽적 내러티브 등이 허다했다. 탈냉전시대의 허구 역시 낡거나 새로운 적대성의 발명과 구축이라는 과업에서 결코 게으르지 않았다. 중국이나 아랍 등지를 새로운 악당으로 설정하거나, 바깥으로는 외계인 그리고 내부로는 기생충 또는 병균과의 적대 전선을 긋는 행위는 부단히 지속된다.

이런 허구적 편 가르기가 지배적 발화자의 목소리와 세계관을 실제에 비해 과잉 대표하긴 하나, 현실에 이미 존재하는 적대성에 기초를 두고 있는 까닭에 '악의적 허위'라고까진 하기 어렵다. 그와 경쟁하는 다양한 대안적 내러티브 역시 상대적으로 미약하게나마 병존해왔으며,

현실의 패배자가 품는 복수의 염(念)과 승리에 대한 희구를
적잖이 담아내기도 했기에, 이런 허구적 적대성에는 나름의
창발성과 유용성이 있다.

　　　　이보다 좀더 문제시될 필요가 있는 것은 후자, 즉 사실에
기반을 둔 편 가르기다. 뉴스와 시사로 대표되는 저널리즘 장르는
스스로를 목적의식적으로 허구와 구별짓는다는 점에서, 요컨대
허구에 비해 인식론적 우위에 서 있음을 의도적으로 강조한다는
점에서 더 위험한 요소를 품고 있다. 일반적으로 사실적 담화는
이성을 자극하여 비판적 거리두기를 낳고, 허구적 담화는 감성을
자극하여 무비판적 몰입으로 이어진다는 인식이 있다. 그러나
실제는 그 반대인 경우도 많다. 허구는 사실 '로부터' 착안된 혹은
사실에 '대하여' 발언하는 암시적(connotative) 미디어로서
'이격효과'가 있는 반면, 저널리즘은 사실 '을' 말하는, 그럼으로써
객관적 진실에 다가가게 해주는 지시적(denotative) 미디어로서
'몰입효과'를 낳을 수 있기 때문이다. 다시 말해, 허구적으로
재현된 적대성은 적당히 '걸러들을' 수 있는 반면, 저널리즘이
전달하는 적대성은 부지불식간에 그것을 일단 사실로 수용하는
사람들로 하여금 어느 한편에 귀속하여 가상적·실제적 적대
구도에 동참하도록 이끈다는 것이다.

　　　　그렇다면 미디어를 통해 재현된 적대성은 그에 대한
비판적 수용의 가능성, 즉 '비판적 거리(critical distance)'를
얼마나 보장하는가? 혹은 무비판적 수용을 얼마나 적극적으로
유도하는가?

　　　　먼저, 사실을 사실 그대로, 허구를 허구스럽게만 전달하는
것은 각각의 방식으로 이격효과를 더 유발하는 경향이 있다.
앞 경우의 대표적 사례는 새로운 발견을 담은 과학 논문이고,
뒤 경우의 극단적 사례는 환상문학 혹은 판타지 영화다.
이를테면 블랙홀의 존재를 확증하는 과학 논문은 상상이 현실로
바뀌는 충격을 주지만 동시에 초현실적인 아련함을 안기고,
〈스타워즈〉라든가 마블코믹스의 영웅과 악당 스토리는 명백히
현실은 아닌 것으로 인지된(즉 이격된) 그 세계관(universe)

안으로 들어가야 비로소 몰입이 가능해진다. 미디어 텍스트가 사실에서 허구에 이르는 담론적 스펙트럼의 어느 한 극단에 가까워질수록 그것을 접하는 수용자에게 부여된 비판적 거리가 더욱 늘어난다는 의미다.

그렇다면 사실과 허구의 거리가 좁혀질수록 비판적 거리는 감소, 즉 무비판적 수용 가능성은 증대할 것이라 짐작할 수 있다. 실제로 미디어 제작자들은 수용자에게서 더 강한 반응을 불러일으키려면, 즉 몰입효과를 극대화하려면 사실과 허구를 적절히 혼용할 필요가 있음을 체험적으로 안다. 예컨대 블랙홀을 다루는 논문보다 더 블랙홀에 집중하게 해주는 건 〈인터스텔라〉처럼 잘 짜인 과학적 허구다. 드라마 〈허준〉 방영 이후 급격히 치솟았던 한의학의 인기라든가, 영화 〈1987〉이 민주화 이후 세대에게 전해준 민주주의의 의미처럼, 사료에 바탕을 두며 극적 요소를 가미한 허구는 탁월한 몰입효과를 유발한다.

이런 탓에 늘 사실과 허구의 경계가 사회적 논란거리가 되기도 한다. 이를 가장 극명하게 보여주는 사례가 바로 미국의 유명 영화감독 오슨 웰스(Orson Welles)가 청년 시절에 제작한 라디오 드라마 〈세계전쟁(The War of the Worlds)〉이다. 영국 작가 허버트 웰스(Herbert G. Wells)의 유명 SF소설을 각색한 이 드라마는 1938년 10월 30일에 방송되어 미국 여러 도시에서 대혼란을 일으킨 바 있다. 언제든 세계대전이 터질 수 있었던 당대의 사회정치적 맥락이 청취자들의 심리적 불안감과 수용성을 높인 데다가, 도입 초기 라디오방송의 강력한 영향력도 있었고, 무엇보다 말 그대로 '박진감(verisimilitude)' 넘치는 긴급 속보뉴스 형식을 취한 각색 방식이 주효했다. 사회적 비난에 처한 오슨 웰스는 "그런 혼란을 의도하지 않았다"고 해명했지만, 요즘 말로 '가짜뉴스', 즉 의도적으로, 뉴스의 형식을 빌려, 허구의 침투력을 높이는 기법을 활용하였던 것은 분명하다. 그 자체는 허구였지만 '극적인' 사실로서 받아들여졌고 또 그렇게 수용되도록 의도했던 셈이다.

탈진실시대, 저널리즘이 내러티브에 빠진 날

허구를 지향하면서 사실을 활용하는 드라마 장르와 달리 사실에 기반을 두며 진실을 지향하는 저널리즘 장르는 그럼 어떠한가? 저널리즘은 '원칙적으로는' 허구를 철저히 배제한다는 점에서 문예사적으로 보면 소설의 전통이 아니라 논문의 전통을 따른다. 저널리즘이 비로소 독자적 분야로 부상할 수 있었던 것은 저널리즘 특유의 육하원칙 취재와 사실 중심의 건조한 기술법을 창안하고 난 다음이었다. 하지만 저널리즘이라고 해서 스스로를 완벽히 허구와 분리할 수 있는 것은 아니다. 과학 논문과 저널리즘 모두 '새로운 사실'을 개척하지만, 과학 논문과 달리 저널리즘은 그것을 '뉴스와 시사'의 형태로 사실상 실시간 생산해내어야 하는 압력에 시달린다. 동시에 광범위한 대중에게서 주목을 이끌어내어야 한다는 (혹은 강한 사회적 파급효과를 유발해야 한다는) 압박에도 노출되어 있다. 그러다 보니 이목을 집중시킬 새로운 사실을 '제조'하는 일종의 공식에 이끌리게 마련이다. 황우석 박사의 줄기세포 조작 사건으로 대표되듯 실은 과학 논문 역시 그러하긴 한데, 사실을 기반으로 진실 혹은 진리를 지향하는 이들을 유혹하는 것은 실상 허구 그 자체라기보다는 기승전결의 완결된 내러티브 구조라고 할 수 있다. 발굴하고 싶은 사실이 있고, 그를 통해 입증하고 싶은 주장이 있고, 그로써 이루고자 하는 목표가 있으나, 당장 손에 쥔 사실이 그것을 충분히 뒷받침하지 못할 때 그 빈 곳을 채우려는 욕망, 존재하지 않는 (혹은 아직 발견하지 못한) 사실을 조작(造作, fabricate)이라도 해야 할 것 같은 유혹에 이끌린다는 뜻이다.

허구를 지향하는 미디어는 이런 면에서 상당한 자유도를 누린다. 완결성을 갖춘 내러티브를 '구상'하지 못해서가 문제이지, 이미 구상된 내러티브를 '구현'하는 것은 상대적으로 어려운 일이 아니다. 하지만 과학이나 저널리즘처럼 '사실 기반 진실·진리 지향 미디어'는 그렇지 못하다. 사실은 풍부히 확보했으나 그것을 통해 구축할 수 있는 내러티브가 영 마뜩하지 않은 상황, 다시 말해 자신의 의도에 부합하지 않거나 다른 이들의 기대에 부응하지 못하는 경우는 허다하다. 의외로 많은 과학자나 저널리스트들이 이론 혹은 이념의 인도하에 이른바 '프레임'을 짜고, 자신과 타인을 몰입시킬 만큼 강력한 내러티브를 구현하기 위해 현상에 접근한다. 그러나 세상을 깜짝 놀라게 할만한 구상은 완벽하게 짜여 있다 해도 그를 입증해줄 사실이 부족할 경우, 이들은 윤리적 기준(ethical standards)과 동료집단 검증(peer review)이라는 장벽에 부딪히게 된다. 그것을 과감히(?) 우회하는 자들이 이른바 '황우석 사태'를 만들었고, 지금 우리가 경험하고 있는 '가짜뉴스 세태'를 만연하게 했다. 그나마 전자는 정상 과학과 비판적 저널리즘의 검증 시스템을 통해 효과적으로 진압됐지만, 후자는 기존 미디어 체제(media regime)의 위기를 상쇄할 새로운 거버넌스를 세우지 못한 채 현재진행형의 정보혼돈(information disorder) 속으로 점점 더 깊숙이 끌려들어 가고 있다.

도에이(東映)의 특촬물이나 마블코믹스 세계관 속의 상습적 편 가르기는 유아적 재미의 범주를 크게 벗어나지 않는다. 그만큼 사회적 위험을 야기할 가능성도 그리 높지 않다. 하지만 같은 허구더라도 〈007〉 시리즈나 서부영화가 설정한 편 가르기는 현실의 권력 불균형을 반영하면서 또 강화하는 만큼 잠재적 위험성이 더 크다(예컨대 '우리 편' 첩보 활동에 대한 민감도의 저하, 여전히 우리에게 남아 있는 아메리카 원주민에 대한 편견의 심화 등). 그렇다 해도 이들은 내러티브의 유혹에 빠진 과학과 저널리즘이 행하는 편 가르기에 비해서는 여전히 덜 위험하다. 나치의 우생학, 그리고 그것을 (필경 지금도) 신봉하고 있는 극단주의 우파 저널리즘은 과학과 공학이라는 이름으로 인류를 편 갈랐고, 적대성을 공리와 효율로 포장했으며, 결국 유대인과 같은 '타자(他者)'에 대한 대량학살을 정당화하는 데까지 이르렀다.

반유대주의와 홀로코스트를 처절히 반성하며 구축된 현대세계라고 해서 많이 다를까? 영국의 저널리스트이자 정치평론가인 데이비드 굿하트(David Goodhart)가 날카롭게 지목한 바 있는 고착자(Somewheres, 지방에 사는 육체노동자)와 이동자(Anywheres, 도시에 사는 고학력 전문직) 사이의 갈등은 분명 그 자체로 쉽게 무시할 수 없는 실체성을 지닌 것이기는 했다. 그러나 그것을 '대중추수주의적 반란(populist revolt)', 즉 대서양을 가로질러 브렉시트(Brexit)와 트럼프주의(Trumpism)라는 성공적 정치 프로젝트로 구현했던 주축 중의 하나 역시 고립주의와 극단주의에 경도된 신우파 저널리즘이었다. 그 연장선에서 최근 트럼프의 대선 패배 이후 미국 역사상 초유의 의사당 난입 사건을 이끈 큐어넌(QAnon) 또한, 자신들의 극단주의 내러티브를 완성하기 위해 사실의 선택적 취합과 조작을 서슴지 않는, 유사 과학과 저널리즘이 결합하여 만들고 조장해낸 탈진실적 증후(symptom)다.

딥페이크(deep-fake) 기법으로 지칭되는 컴퓨터 그래픽 기술의 발달이 두려운 것은 그것이 실제를 놀랍도록 정확하게 재현해서가 아니라, 악의를 가진 자들의 머릿속에 있던 내러티브를 실재로서 구현할 수 있기 때문이다. 정말 더 오싹해지는 이야기로 글을 마무리해볼까? 컴퓨터 그래픽과 인공지능을 접목한 딥페이크 기술이 등장하기 훨씬 전부터, 음험한 편 가르기 내러티브 속에 사실 조각을 채워넣는 '딥페이크 저널리즘'은 이미 우리 곁에서 활발히 움직여왔고, 저널리즘 윤리와 동료집단 검증이라는 과정이 이제는 장벽으로서조차 의미가 없어진 상황에서 그 기세는 앞으로 더 등등해지기만 할 것이라는 사실.

NOMA[2](과학은 신 가설을 공략할 수 없다)를 주장하는 과학자들의 배후 동기가 될만한 것을 꼽으라면 창조론의 위협으로 촉발된 미국 특유의 정치적 상황을 들 수 있다. 미국 곳곳에서 과학은 잘 조직되고 정치적으로 잘 짜여지고 무엇보다도 후한 재정 지원을 받는 반대 세력의 공격을 받고 있으며, 그중 최전선에서 집중 포화를 받는 것이 바로 진화론 교육이다. 과학자들이 위협당하는 느낌을 받는 게 어쩌면 당연한 일이다. 연구비의 대부분이 정부로부터 나오고, 선거로 뽑힌 공무원들은 교양 있는 유권자들뿐 아니라 무지하고 편견을 지닌 유권자들에게도 답변을 해야 한다.

그런 위협에 대처하기 위해 진화론을 옹호하는 압력 단체가 출범했다. 최근 《진화론 대 창조론》이라는 책을 쓴 유진 스콧(Eugenie Scott)은 과학을 옹호하며 국립과학교육센터(NCSE)를 이끌고 있다. NCSE의 주요 정치적 목표 중 하나는 '양식 있는' 종교인들의 여론을 활성화하는 것이다. 즉, 진화와 아무 충돌도 빚지 않고 진화를 자기 신앙과 무관한 (또는 좀 기묘한 방식으로 신앙을 뒷받침하는) 것으로 받아들일 주류 종교인들 말이다. 진화론을 옹호하는 압력 단체가 호소 대상으로 삼으려는 상대는 창조론이 종교에 해롭다는 이유로 당혹스러워하는 성직자, 신학자, 비근본주의 신자들이다. 그리고 그 일을 해내는 한 가지 방법은 NOMA를 지지함으로써 그쪽에 힘을 실어주는 것이다. 과학은 종교의 주장과는 무관하므로 전혀 위협이 안 된다는 사실에 동의함으로써 말이다.

'네빌 체임벌린(Neville Chamberlain)[3] 진화학파'로 불릴만한 이 부류에는 또 한 명의 저명한 지도자인 철학자 마이클 루즈(Michael Ruse)도 속해 있다. 루즈는 지면과 법정에서 창조론에 맞선 강력한 투사의 역할을 해왔다. 그는 자신이 무신론자라고 주장하지만, 〈플레이보이(The Playboy)〉지에 실린 글에서는 다음과 같은 견해를 취하고 있다.

1.
출처: 리처드 도킨스 저, 이한음 역, 《만들어진 신》, 김영사, 2007년, 107~112쪽.

2.
NOMA(nonoverlapping magisteria, 겹치지 않는 교도권). 고생물학자이자 진화생물학자인 스티븐 제이 굴드(Stephen Jay Gould)가 자신의 책 《시대의 반석들(Rocks of Ages)》에서 제시한 말이다. 굴드에 따르면 과학은 사실 및 경험 세계 문제를, 종교는 궁극적 의미 및 도덕적 가치 문제를 각각 다루므로 어느 한쪽이 다른 한쪽을 포괄하지 않는다. 과학과 종교가 서로의 영역을 존중해야 한다는 입장인 셈이다. 이에 대해 리처드 도킨스는 NOMA가 무척 안이한 유화 전략이라며 비판한다. 굴드의 기대와 달리 '과학에 호의적인 온건한 종교인'들조차 비합리적인 기적을 믿고 있기에, 언제든 과학을 부정할 태세를 취하고 있다는 것이다 — 편집자 주.

3.
영국 수상으로서 제2차 세계대전 때 독일과 이탈리아에 대해 유화 정책을 펴다 사임함 — 옮긴이 주.

과학을 사랑하는 우리는 적의 적이 우리의 친구임을 깨달아야 한다. 진화론자들은 아군이 될 사람들을 모욕하는 데 시간을 너무 많이 허비한다. 세속적인 진화론자들이 특히 더 그렇다. 무신론자들은 창조론자들을 반박하는 일보다 동정심 있는 기독교인들을 헐뜯는 일에 더 많은 시간을 보낸다. 교황 요한 바오로 2세가 다윈주의를 인정하는 교서를 발표했을 때, 리처드 도킨스의 반응은 교황이 위선자고, 그가 과학을 진심으로 받아들일 리가 없으며, 그보다는 차라리 정직한 근본주의자가 낫다는 것이었다.

전술적인 관점에서 볼 때, 루즈가 히틀러와의 싸움에 빗대 한 말이 겉보기에는 더 호소력이 있다. "윈스턴 처칠과 프랭클린 루스벨트는 스탈린과 공산주의를 좋아하지 않았다. 하지만 그들은 히틀러와 싸우기 위해서는 소련과 협력해야 한다는 것을 깨달았다. 마찬가지로 모든 진화론자들도 창조론에 맞서기 위해 서로 협력해야 한다." 하지만 결국 나는 유전학자 제리 코인(Jerry Coyne)의 말에 동의하게 된다. 그는 루즈에 관해 이렇게 썼다.

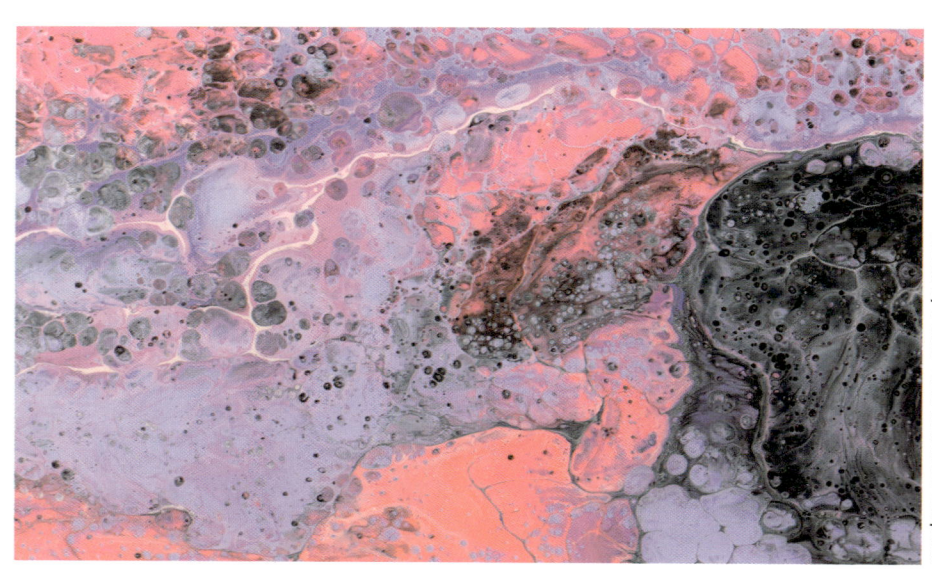

Photo by Pawel-Czerwinski on Unsplash

QUESTION 7 　　과학·종교　　"적의 적은 우리의 친구"　　리처드 도킨스(진화생물학자)

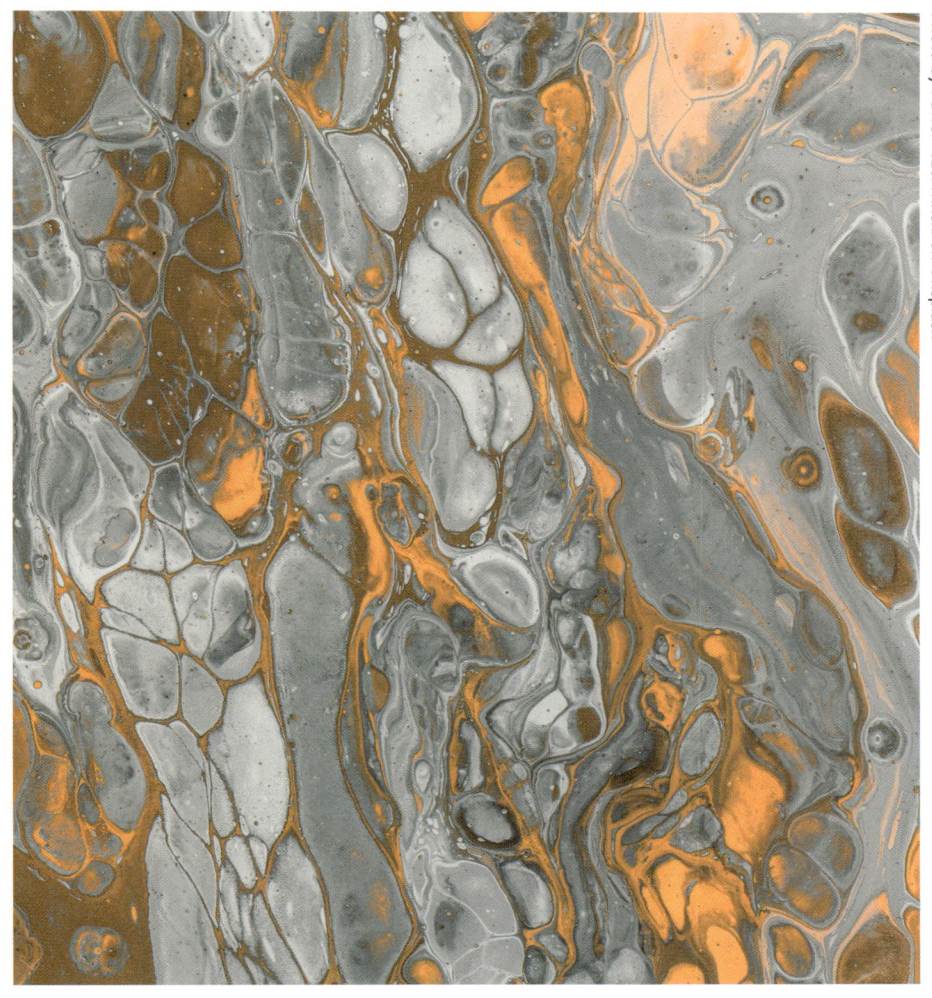

Photo by Pawel-Czerwinski on Unsplash

그는 그 갈등의 진정한 본질을 이해하지 못한다. 그것은 단지
진화론 대 창조론이 아니다. 도킨스와 윌슨[하버드대학교의
저명한 생물학자인 에드워드 윌슨(Edward Wilson)] 같은
과학자들이 볼 때, 진짜 전쟁은 합리주의와 미신 사이에
벌어진다. 과학은 합리주의의 한 형태인 반면, 종교는 가장
흔한 형태의 미신이다. 창조론은 단지 그들이 더 큰 적이라고
여기는 종교의 한 가지 증상일 뿐이다. 종교는 창조론 없이
존재할 수 있지만, 창조론은 종교 없이는 존재할 수 없다.

SURROUNDINGS

© Pawel-Czerwinski on Unsplash

QUESTION 7

과학·종교

"적의 작은 우리의 친구"

리처드 도킨스(진화생물학자)

SURROUNDINGS

나는 창조론자들과 한 가지 공통점이 있다. 체임벌린 학파 사람들과는 달리 창조론자들도 NOMA와, 그 겹치지 않는 교도권에 동조하지 않을 것이다. 창조론자들은 과학의 영토가 따로 있다고 존중하기는커녕 지저분한 구둣발로 그곳을 마구 짓밟고 싶어 할 것이다. 또 그들은 지저분하게 싸운다. 미국 구석구석에서 벌어지는 소송에서 창조론자들을 대변하는 변호사들은 공개적으로 스스로를 무신론자라고 떠벌리는 진화론자들을 물색한다. 나는 억울하게도 내 이름이 그런 식으로 빈번하게 언급되었다는 사실을 안다. 그것은 효과적인 전술이다. 무작위로 선택된 배심원들 중에는 무신론자가 소아성애자나 테러리스트(세일럼의 마녀나 매카시의 빨갱이에 상응하는 개념)와 동급에 놓이는 악마의 화신이라고 굳게 믿고 자란 사람들이 포함될 가능성이 높기 때문이다. 창조론자 측의 변호사라면 누구든 나를 증언대에 세우고 간단한 질문을 하나 던지면 그 배심원을 즉시 자기편으로 끌어들일 수 있을 것이다. "진화론에 대한 지식이 당신이 무신론자가 되는 데 영향을 끼쳤습니까?" 나는 "예"라고 대답을 해야 할 것이고, 그 즉시 배심원은 내 반대편에 설 것이다.❹ (후략)

"NOMA의 요점은 그것이 쌍방향 협정이라는 것이다. 종교가 과학의 영토에 발을 들여놓고 현실 세계에 관여하는 순간, 종교는 더 이상 굴드가 옹호하는 종교가 아니며, 그의 우호적인 협정은 깨진다. 하지만 굴드가 옹호하는, 기적이 없는 종교는 신도석에 앉아 있는 대다수 유신론자들에게 받아들여지지 않는 것임을 유념하자. 사실 그들은 종교가 그런 의미를 지닌다면 대단히 실망할 것이다. 앨리스가 이상한 나라로 떨어지기 전에 언니의 책을 보고 한 말에 빗대자면, 기적도 없고 기도자에게 응답도 하지 않는 신이 무슨 소용이 있단 말인가?"(같은 책, 96~97쪽)

4.
이 책의 머리말에서 리처드 도킨스는 미국인들이 무신론자를 얼마나 부정적으로 평가하는지에 대한 상징적 사례로 다음과 같은 설문 결과를 제시한다. "현재 미국에서 무신론자의 지위는 50년 전 동성애자의 처지와 다를 바가 없다. 게이 자긍심 운동이 벌어진 후 지금은 아주 수월하게는 아니지만 동성애자가 공직에 선출되는 것이 가능해졌다. 1999년 미국인들을 대상으로, 후보자가 한 가지 사실(여성, 가톨릭 신자, 유대인 등등)만 제외하면 나무랄 게 없을 때 그에게 표를 주겠냐는 여론 조사를 실시한 적이 있다. 그 결과 여성(95%), 가톨릭 신자(94%), 유대인(92%), 흑인(92%), 모르몬교도(79%), 동성애자(79%), 무신론자(49%) 순으로 표를 주겠다는 응답이 나왔다. 그러니 우리 무신론자들은 아직도 갈 길이 멀다."(같은 책, 11~12쪽)—편집자 주.

SECTION 2

KEEP! 윤파랑 만화가

QUESTION 8

일러스트　KEEP!

윤파랑(만화가)

하지만 그럼 고슴도치는요?

Then what happens to the hedgehog?

QUESTION 9

미안

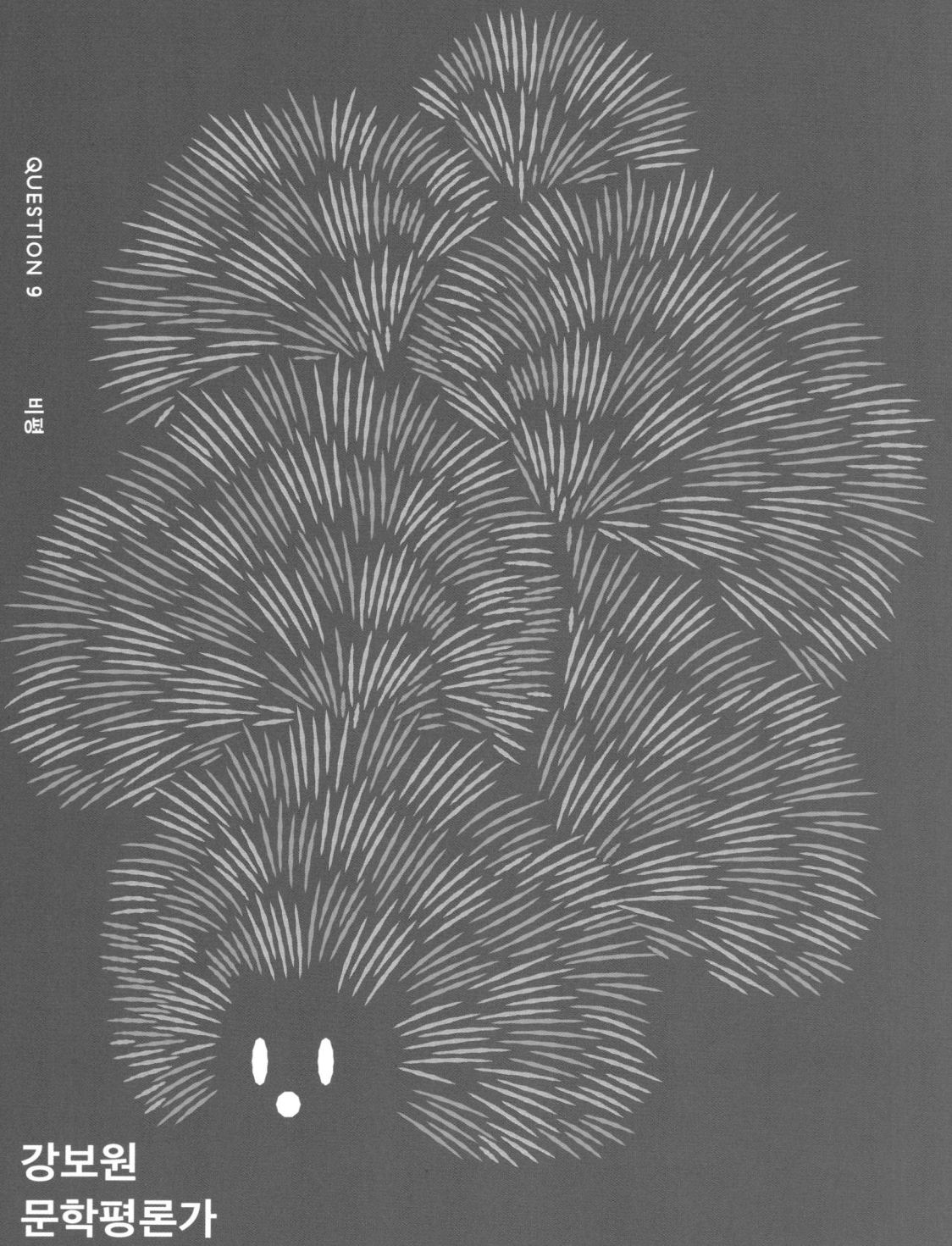

강보원
문학평론가

한국에서 편 가르기라는 말이 긍정적인 함의를 갖는 경우는 별로 없는 것 같다. 사실 편 가르기보다 더 함의가 나쁜 말이 드물다고 하는 게 맞을지도 모른다. 편 가르기는 이성적이고 합리적인 판단을 불가능하게 한다고 여겨지며, 부패 혹은 비효율성과 주로 연관된다. 오죽하면 제목부터 편 가르기를 넘어설 것을 촉구하는 책까지 있다. 《길들이기와 편가르기를 넘어》의 출판사 제공 책 소개에 따르면 이 책의 저자 중 한 명인 "허동현에게 아프게 다가오는 근대 100년의 모습은 내 편과 네 편을 가르는 편 가르기다. 친일이냐 반일이냐, 민족이냐 아니냐를 잣대로 너와 나를 구별하던 편 가르기를 넘어설 때 좀더 나은 내일이 가능하다는 것이다."❶

물론 그럴 수 있다…. 하지만 정말 편 가르기를 넘어선 좀더 나은 내일이 온다면 고슴도치는 어떻게 되는 걸까? 우리 속담 중에는 '고슴도치도 제 새끼는 함함하다고 그런다'는 말이 있는데, 누가 봐도 몸통 전체가 가시로 뒤덮인 고슴도치를 두고 함함하다고 말하는 건 객관적이거나 이성적인 판단은 아닐 것이다. 그렇다고 고슴도치가 자기 자식에게 "객관적으로 넌 너무 따가워…. 솔직히 가시투성이잖아. 가까이 붙지 좀 말아 줬으면 좋겠다"라고 말하는 것도 바람직한 상황인 것 같지만은 않다. 여기서 편 가르기는 객관적인 것처럼 보이는 상황들을 넘어 사랑을 매개하고 자신이 보는 현실을

1. 허동현·박노자, 《길들이기와 편가르기를 넘어》, 푸른역사, 2009년.

변화시키기까지 하는 어떤 역량을 가능하게 하는 형식이다. 우리가 사랑하는 사람들이 모두 완벽한 것은 아니다. 오히려 우리가 누군가를 사랑할 때 우리는 언제나 상대가 사랑받을 자격을 가진 정도를 초과하여 사랑할 수밖에 없다. 그러므로 편 가르기는 사랑을 가능하게 하는 유일한 형식이기도 하다. 편 가르기를 포기할 때 우리는 사랑도 함께 포기해야만 한다.

그런데 편 가르기를 포기할 수 없다는 건 결국 편 가르기가 가져오는 모든 대립과 갈등을 해소할 수 없다는 것을 의미하지는 않을까? 아마도 그럴 것이다. 하지만 요점은 어차피 모든 대립과 갈등을 해소할 수 있는 마법과 같은 방법은 없다는 데에 있다. 서로의 다름을 인정하고 각자의 의견을 존중하는 화목한(그리고 때로 꼭 필요하기도 한) 방법이 언제나 가능하다면 좋겠지만, 사실 우리는 그런 식의 대화가 불가능할뿐더러 결코 인정할 수도 이해할 수도 없는 이들, 소위 말하는 악인들과도 함께 살아가야 한다. 여기서도 핵심은 우리가 객관적으로 누가 악이고 누가 선인지를 결정할 수 없다는 사실이 아니다. 중요한 건 우리가 어쨌든 우리에게 철저하게 악인이라고 여겨질 수밖에 없는 누군가를 분명히 만날 것이라는 사실이다.

최근에 본 영화 〈로스트 인 더스트〉에도 어떻게 보면 그런 악인에 속한다고 할 수 있는 인물들이 주인공으로 등장한다. 주인공인 '토비'와 그의 형 '태너'는 어머니의 유산이자 가족의 유일한 재산인 농장을 빼앗길 위기에 처한다. 농장에서 대량의 석유가 발견되자 그 사실을 알아챈 은행이 대출 만기를 연장하지 않고 농장을 압류하려고 한 것인데, 이에 토비와 태너 형제는 은행을 털어 대출상환금을 마련하려고 한다. 이 영화는 수탈과 자가증식을 반복하는 거대 자본과 가난한 이들의 대립에서 출발하지만, 이 영화를 흥미롭게 만드는 건 이 일견 단순한 구도 안에서 작동하는 더 복잡하고 다양한 편 가르기들이다. 우선 그것은 인종적인데, 서부 텍사스를 무대로 펼쳐지는 이 영화에 흑인은 사실상 영혼으로만 등장한다. 토비와 태너 형제의 첫 번째 타깃이 되었던 은행에서 근무하던 한 할머니는 강도들의 인종을 묻는 경찰의 질문에 이렇게 대답한다. "피부색이요, 아니면 영혼이요?" 그러니까 외관상으로는 백인이 맞기는 했지만, 은행 강도질을 하는 것을 보니 영혼은 흑인이었다는 뜻이다…. 이 할머니에게 질문을 던진 경찰은 이 영화의 또 다른 주인공인데, 늘 그렇듯 이인조로 활동한다. 사수인 '마커스'는 전형적인 고집 센 텍사스

백인 할아버지이고 그의 부사수 '알베르토'는 인디언계 미국인이다. 영화 내내 마커스는 끊임없이 인종 농담으로 알베르토를 놀리고 알베르토는 대개 지긋지긋하다는 식의 무시로 대응한다. 한편 토비와 태너 형제는 둘 모두 가난하고 같은 인종에 속하지만 동생인 토비가 평생 경찰서 한 번 다녀온 적 없는 모범 시민이었던 것에 반해 형인 태너는 끊임없이 범죄를 저지르는 구제불능이었다.

      이 영화에서 인물들은 자기가 속해 있다고 생각하는 편에 어울리는 행동을 한다. 거대 은행의 횡포에 맞서 가족에게 가난을 대물림하지 않기 위해 동생 토비는 은행을 털 계획을 세우고 실행에 옮기며, 범죄자인 태너는 궁지에 몰리자 시간을 벌기 위해 경찰을 쏘고(그 와중에 알베르토가 죽는다), 동료를 잃은 마커스는 다시 태너를 죽인다. 그러나 이 영화가 궁극적으로 보여주는 것은 결국 누군가가 온전히 속할 수 있는 그런 편은 없다는 것이다. 우리가 보는 것은 결국 인물과 인물을, 옛사람과 젊은 세대를, 거대 자본과 가난한 이들을, 법을 준수하는 모범적인 시민과 범죄자를, 그래서 끝내 한 사람의 영혼을 그 내부로부터 갈라놓는 무수한 경계선들이다. 한 사람의 내부를 관통하는 경계선의 복수성이 우리를 찢어놓으며 그렇게 찢긴 몸과 영혼이 흩날리는 먼지 속에서 우리는 길을 잃는다. 하지만 이 길 잃음은 오히려 우리에게 필요한 것이기도 한데, 왜냐하면 우리가 철저한 적이라고 여겼던 누군가를 더 이상 적이 아닌

동료라고 느낄 수 있게 해주는 것 역시 이 경계선들뿐이기 때문이다. 마커스의 계획이 맞아떨어져 형제들을 추적하게 되었을 때, 신이 난 마커스가 액셀러레이터를 밟으며 "인디언 함성 발사!"라고 외치자 함께 신이 난 알베르토는 "아우우우우-!"라는 인디언 함성으로 응답한다…. 미국의 역사와 동시에 시작된 대립을 넘어서는 것은 서로가 목숨을 맡길 수 있으며 맡겨왔고 또 앞으로도 그래야만 하는 한 팀이라는 상황이다. 문제투성이에 항상 범죄에 연루되어 있던 형과 단 한 번도 경찰서에 간 적 없는 모범생 동생을 하나로 묶는 것은 가족이라는 경계선이다. 또한 가진 자와 가지지 못한 자를 나누는 거대 자본의 경계선은 은퇴 후 가족과 행복한 삶을 누리는 것이 꿈인 경찰 알베르토와, 가족들에게 가난을 대물림할 수 없다는 은행 강도 토비를 한편으로 묶어놓는다. 이러한 묶임 속에서 토비와 인디언은 은행 강도와 경찰, 산 자와 죽은 자라는 대립에도 불구하고 같은 편에 속한다.

SECTION 2

즉 끔찍한 것은 편 가르기 자체가 아니라, 이 수많은 편 가르기 가능성의 소실이다. 영화의 마지막 장면에서 동료를 잃은 마커스는 형을 잃은 토비가 머무는 집에 찾아간다. 그러나 그들 중 누구도 상대를 죽이지 않는데, 거기서 그들은 서로가 상대에게 너무도 소중한 누군가를 죽였지만, 그럼에도 불구하고 어떤 다른 경계선이 그들 앞에 놓여 그들을 같은 편에 묶어둔다는 것을 느꼈기 때문이다. 이때 그들은 서로를 용서하거나 이해하는 것이 아니라 그밖에 달리 어떤 선택도 가능하지 않음을, 즉 그들이 이미 같은 편에 속해 있음을 직감한다. 돌이킬 수 없는 상실과 꺼지지 않는 살의는 해소되는 것이 아니라 단지 보류되며 그들은 각자의 집으로 돌아간다. 이제 그들에게 산다는 것은 적과 한 팀이 되어 살아간다는 것을 의미한다. 중요한 건 이 함께 살아감이 갈등의 해소와 무화가 아니라 그것의 보존으로부터만 가능해진다는 점이다.

누군가를 이해하고 포용하고 그에게 다가가려는 시도, 최악의 악인이라 할지라도 우리가 내면 깊은 곳에서 그들과 '다르지 않다'는 식의 수사는 해소 불가능한 대립에 대처하기 위한 방어기제에 불과한 경우가 많다. 그러한 시도가 궁극적으로 실패했을 때 우리는 아무 죄책감 없이 상대를 이해 불가능한 절대적인 악인으로서 정립한다. 그러므로 이 악인들은 편 가르기로부터 발생하는 것이 아니라 그와 반대로 언제나 편 가르기를 넘어서 객관적이고 포용적인 시선을 획득하려는 욕망으로부터, 이 욕망의 필연적 실패로부터 발생한다. 우리가 놓여 있는 지형을 끊임없이 재편하는 복수의 경계선들을 잃을 때, 우리는 우리의 모든 선택과 이해와 의지와 무관하게 우리를 어제와는 다른 편에, 다른 사람들과 함께 서 있을 수 있게 하는 바로 그 가능성을 함께 잃는다. 이 영화의 원제인 〈Hell or High Water〉는 지옥의 불길 속에서든 파도가 몰아치든 온갖 고난을 무릅써서라도 지켜야 할 무언가를 암시하는데, 내가 생각하기에 그 지켜야만 하는 것은 이 편 가르기의 가능성 자체 외에는 아무것도 아니다.

SECTION 3 / INSPIRING

뇌가 만든 적, 뇌가 만든 친구
모두를 적으로 돌린 인류세의 악당들
우리는, 우리를 위해, 미움을
말

뇌과학
그래픽노블
사진에세이
엽편소설

김대식(뇌과학자)
김한민(작가)
황예지(사진작가)
김엄지(소설가)

INSP
ING

뇌가 만든 적, 뇌가 만든 친구
Created by the human brain

뇌과학
question 10

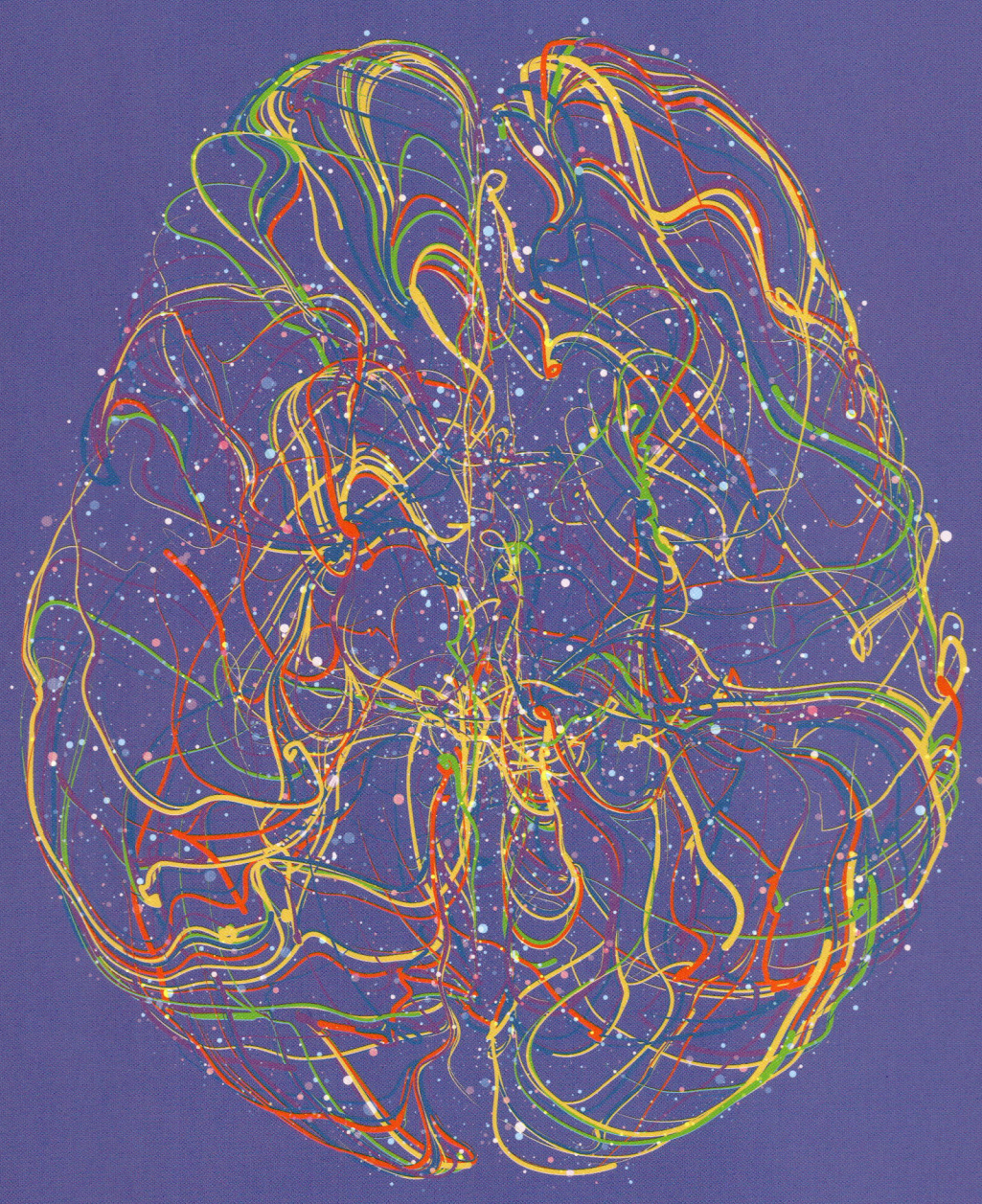

김대식   뇌과학자

우리 모두 시궁창에 빠져 있지만, 그중 누군가는 별을 바라본다.
— 오스카 와일드

QUESTION 10

뇌과학 뇌가 만든 적, 뇌가 만든 친구

김대식(뇌과학자)

오스카 와일드가 "시궁창"이라고 불렀던 세상. 지금 이 순간 피할 수 없이 우리 모두 살아야 하는 곳이기에 질문하게 된다. 세상은 언제부터 이렇게 불공정하고, 폭력적이고, 한심하고, 어리석었던 걸까? "언제나 그랬다"라는 자명한 사실을 되새기며 새로운 질문을 해볼 수 있겠다. "그렇다면 인류는 영원히 '시궁창'에 빠져 살아야 할까?"

오늘날 중동 지역에 처음 정착하기 전 인류는 사냥과 채집을 하며 떠돌아다니던 방랑자였다. 수백만 년 전 아프리카 초원에서 탄생한 '호모'종의 삶은 두려움과 위험으로 가득했다. 맹수들에게 인류란 언제든지 잡아먹기 쉬운 '야식'에 불과했으니 말이다. 덕분에 호모종 뇌의 가장 깊은 곳엔 존재적 두려움이 하드웨어 차원으로 입력되었다. 모르는 곳, 어두운 곳, 처음 듣는 소리 그리고 알 수 없는 이방인. 나와 다른 대부분 존재는 득보다 해가 될 확률이 절대적으로 높기에 뇌는 언제나 구별하려 한다. 나를 위협하는 적과, 나에게 도움을 줄 친구가 누구인지 말이다.

아니, 친구와 적을 제대로 구별하지 못한 이들은 적과 친구를 잘 구별한 이들보다 생존 확률이 낮았을 것이다. 잘못된 판단의 결과는 지극히도 달랐다. 만약 친구를 얻지 못한다면 나중에 필요한 도움을 받지 못할 수도 있겠지만, 적을 알아보지 못한다면 바로 그 순간 목숨을 잃을 수 있다. 먼저 모두를 적이라고 가정하고 그중 친구를 고르는 것이, 모두를 친구라고 가정하는 것보다 진화적으로 더 안전한 전략이라는 말이다.

INSPIRING

적/친구 구분과 뇌의 진화

대부분 유전적 친족 관계인 이들로 이루어진 소규모 공동체 내에서 적과 친구를 나누는 일은 사실 간단하다. 누군가가 나와 같은 유전자를 공유할 확률이 매우 높다면, 그를 도와주는 것은 결과적으로 나 자신을 돕는 일이 된다. 같은 여왕개미에서 태어난 개미들은 모두 '형제' 사이이기에, 서로가 서로를 돕는 유전적 친구들이다. 물론 스스로의 생존이 가장 중요하겠지만 나 하나의 희생을 통해 나와 같은 유전자를 공유하는 여러 명을 살릴 수 있다면, 그런 '이타적인 희생'은 그다지 나쁘지 않은 진화적 '투자'가 될 수도 있겠다.

한편, 인간을 포함한 대부분 포유류의 뇌는 '결정적' 시기를 거친다. 수천억 개가 넘는 신경세포들 간의 연결고리(시냅스)가 모두 정해진 상태로 태어날 수는 없기에 많은 시냅스들이 출생 후 경험을 통해 기능적으로 고정된다. 이때 뇌는 마치 젖은 찰흙 같은 유연성을 띠고 있어, 자주 사용되는 시냅스는 강화되고 반대로 사용되지 않는 연결고리는 약해지거나 삭제된다. 결정적 시기의 경험을 통해 드디어 '나'라는 존재가 완성된다는 말이다.

그 누구도 태어날 장소와 시기를 스스로 결정하지 않는다. 적어도 나는 대한민국에서, 부모님의 아들로, 20세기에 태어나겠다고 동의한 적도, 도장을 찍은 적도 없다. 부모님의 유전자를 50퍼센트씩 물려받아 만들어진, 하지만 여전히 미완성 상태의 뇌를 가지고 우연한 장소와 시점에 태어났을 뿐이다. 눈과 망막이 처음 전달해주는 주변의 모습은 우리의 시각 뇌피질 구조를 완성하고, 주변의 소리는 우리의 모국어를 결정한다. 태어나 경험하는 가족과 친척들의 선택과 믿음은 바로 우리의 믿음과 선택이 되어버리기에, 어디까지가 자유 의지적 결정이고 어디부터가 환경의 영향인지에 대한 경계는 모호해진다.

SECTION 3

우연의 결과로 노출된 환경이 뇌를 완성시키기에, 결정적 시기에 경험한 세상이 가장 편하고, 가장 '자연스러운' 세상일 수밖에 없다. 가장 자연스럽고 편한 세상에 우리는 '고향'이라는 이름을 붙이고, 대부분 미국인은 미국인으로, 한국인은 한국인으로, 일본인은 일본인으로 자연스러운 삶을 살려 노력한다. "내가 만약 아프가니스탄에서 태어나고 자란 아프가니스탄 사람이라면?"이라는 질문은 마치 "내가 만약 박쥐로 태어났다면?"이라는 질문과 마찬가지로 무의미하다.

'친구와 적'의 구분 역시 비슷한 과정을 따른다. 결정적 시기에 경험한 주변 상황이 바로 나의 인지적 고향이 되듯, 결정적 시기에 경험한 특징을 공유하는 이들이 바로 내 친구라는 믿음이 뇌의 하드웨어에서 구조적으로 만들어지기 시작하니 말이다.

우리는 서로의 마음을 직접 읽을 수 없다. 두개골을 열어 뇌를 관찰할 수는 없기 때문이다. 아니, 뇌를 기능성자기공명영상(fMRI) 장비로 촬영하고 뉴런들의 전기신호를 아무리 측정해도, 우리는 여전히 뇌의 언어를 완벽하게 이해하지 못한다. 21세기 우리도 여전히 타인의 마음을 읽지 못하는데, 고대 인류는 얼마나 답답했을까? 상대방의 내면적 세상을 직접 이해할 수 있는 방법이 없으니, 외향적 신호를 통해 간접적으로 이해할 수밖에 없었다. 다른 사람에 대한 믿음과 신뢰는 확신이 아닌, 나 자신의 상상과 추론의 결과였다.

하지만 상상과 추론은 고도의 계산과 많은 데이터를 필요로 한다. 최근 GPU 병렬프로세서가 비약적으로 발전하고 나서야 딥러닝 스타일의 기계학습이 가능해진 것처럼 말이다. 그렇다면 이런 가설을 세워볼 수 있겠다. 인간의 뇌가 다른 동물들과는 비교도 안 될 만큼 급격하게 커진 이유는 어쩌면 더 많은 친구와 적을 구별하기 위한 고도의 계산을 가능하게 하기 위해서이지 않을까?

인간은 사회적 동물이다. 혼자서는 나약하지만 10명이 모이면 맹수가 두렵지 않고, 100명이 힘을 합치면 매머드 사냥도 가능해진다. 많으면 많을수록 생존 확률을 높여주는 친구들. 뇌가 크면 클수록 더 많은 사람과의 거래 관계를 기억하고 그들의 미래 행동을 예측할 수 있다. 커진 뇌 덕분에 생존에 필요한 '친구'를 인류는 '무기화'할 수 있었는지도 모른다.

INSPIRING

서로 닮은 이들의 도시

하지만 뇌가 끝없이 커질 수는 없다. 뇌가 더 이상 커지지 않으면서도 어떻게 새로운 친구들을 확보할 수 있을까? 답은 '상상의 친구들'이었다.

약 9,000년 전, 터키 중앙아나톨리아 지역 차탈회위크(Çatalhöyük)에서 혁명적인 사건이 하나 벌어진다. 바로 도시와 공동체의 탄생이다. 기원전 1만 년에 농사를 짓기 시작한 인류는 오랫동안 작은 마을 규모의 공동체를 이루며 생활했다. 유전적으로 직접 관계가 없는 타인과 신뢰 관계를 맺기는 여전히 어려웠기 때문이다. 하지만 차탈회위크에서는 무려 5,000명에서 7,000명의 사람들이 공동체를 유지했다고 한다. 어쩌면 당시 세상에서 가장 거대한 '대도시'이자 고도로 발전한 문명의 중심지였는지도 모르겠다.

이 신석기시대 도시에서는 거대한 신전과 궁전이 발견되지 않았고, 외부로부터 도시를 보호해주는 성벽도 존재하지 않았다. 그렇다면 그곳은 중앙정부와 계급사회 그리고 집단종교가 아직 설립되기 전 인류의 첫 도시였을까? 이제 궁금해진다. 어떻게 5,000명이 넘는 이방인들이 중앙정부와 종교도 없이 하나의 공동체를 유지할 수 있었던 걸까?

우리에게 집이란 두 가지 의미를 갖는다. '물질적 집'은 쉬고 잠자고, 식사를 할 수 있는 장소면 충분하다. 사냥과 채집으로 생존하던 이들에겐 이 세상 전체가 '집'이었는지도 모른다. 하지만 집은 또 하나의 의미를 가지고 있다. '하우스(house)'와는 달리 '홈(home)'은 단순히 물질적 집이 아닌 나에게 가장 편안한, 가능하면 내가 소유하고 있는, 마치 어머니의 품 같은 장소다. '홈'은 소유와 편안함 그리고 반복성과 예측가능성을 전제로 한다. 매일 다른 곳으로 이동해야 한다면, 나에게 '홈'은 존재하지 않는다.

SECTION 3

QUESTION 10

뇌과학 뇌가 만든 적, 뇌가 만든 친구

김대식(뇌과학자)

　5,000명 넘는 이방인들이 함께 살았던 차탈회위크는 인류에게 단순히 물질적이던 '집'이 진정한 의미의 '홈'이 되기 시작한 시점이었는지도 모른다. 필요할 때마다 새로 피워야 했던 모닥불을 사용하던 유목민들과는 달리 차탈회위크의 도시인들은 처음으로 집집마다 화덕과 아궁이를 가지고 있었다. 찬바람 부는 밭에서 하루 종일 일하고 돌아온 집은 언제나 따뜻했고, 화덕 위에는 맛있는 스튜가 끓고 있었을 것이다. 언제나 따뜻하고 굶주린 배를 채워주는, 진정한 의미의 '홈'이 탄생한 것이다. 가정집마다 작은 신전이 있었고, 침대 아래엔 돌아가신 부모님과 조부모님을 묻어두었다. 험하고 위험한 이 세상에서 나에게 가장 큰 힘이 될 수 있는 부모님과 신 모두 나와 함께 생활하고 있었기에, '홈'은 가장 안전한 장소이자 나에게 가장 든든한, 하지만 오로지 내 상상 속에서만 존재하는 '내 편'들이 거주하는 장소였다.
　차탈회위크의 또 다른 특이한 점은 대부분 집들이 동일한 구조였다는 점이다. 지붕 작은 통로에 놓여 있는 사다리를 통해 집으로 들어갔고, 사다리는 화덕 바로 근처에 있었다. 수백 개의 동일한 구조의 집에서 태어나고 성장했다면, 차탈회위크인들의 뇌에선 놀라운 변화가 일어났을 것이다. 비슷한 환경과 경험으로 서로의 뇌 또한 비슷해지고, 비슷한 뇌를 통해 서로가 서로를 가장 잘 이해하고 신뢰할 수 있다는 '착시현상'이 생기기 시작한다. 비슷한 환경 그리고 비슷한 생각과 목표를 가진 이들은 가족은 아니지만 신뢰할 수 있는 동지가 되었다. 신이나 돌아가신 부모님과도 같은, 나와 내 가족의 운명을 맡길 수 있는, 언제나 내 편이 되어줄 거라는, 서로의 뇌 속에 존재하는 '상상의 친구'가 된 것이다. 결국 모두가 모두의 친구라는 착시현상이 차탈회위크라는 이 특별한 신석기시대 도시를 가능하게 했는지도 모른다. 적어도 중앙정부와 종교라는 새로운 '혁신적' 아이디어가 인류의 머리를 지배하기 전까진 말이다.

INSPIRING

누군가는 별을 바라보지만…

 같은 언어와 종교, 같은 인종과 민족 그리고 같은 역사와 이데올로기라는 스토리텔링을 통해 어느새 '상상의 친구'는 도시와 국가와 문화권으로 확장되었다. 우리는 정부와 국가를 위해 전쟁터로 향하고, 지지하는 축구팀을 위해 다른 수천 명과 함께 목이 쉬도록 응원한다.

　하지만 뇌과학적으로 친구와 '상상의 친구'는 동시에 적과 '상상의 적' 역시 탄생시킨다. 단순히 비슷한 환경, 피부색, 언어, 이념을 공유한다는 이유만으로 타인을 응원하고 그들을 위해 목숨을 바치듯, 다른 이념, 언어, 피부색, 환경을 가졌다는 이유만으로 나 자신에게 아무 나쁜 짓도 하지 않은 이들을 우리는 언제든지 사냥하고, 고문하고, 참수할 준비가 되어 있다.

　'상상의 친구들' 덕분에 가능해진 협업을 통해 지구를 정복한 인류. 도시와 문명과 과학을 만들어 이제 찬란하고 무한한 별들을 바라볼 수 있게 되었지만, 동시에 등장한 '상상의 적들'을 향한 우리의 증오와 분노가 인류를 여전히 시궁창 속에서 허우적거리게 하고 있는지도 모르겠다.

SECTION 3

그래픽노블

모두를 적으로 돌린 인류세의 악당들
The ultimate villains of the Anthropocene

김한민(작가)

Question 11

모두를 적으로 돌린
인류세의 악당들

운명공동체의
성립 조건은 재앙이다.

재앙
구성원 모두의 집중과 헌신을 요하는
압도적이고 무자비한
천재지변을 전제한다.

공포
폭풍과 격랑을 무사히
통과하지 못할 경우
예측되는 여파가
구성원 모두를
고통 속에 몰아넣거나,
모두의 생존에 필수적인
토대를 잠식할 만큼
어마어마해야 한다.

해방
재난을 극복해야 비로소
모두가 각자의 자리로
돌아갈 수 있다는 인식과
이를 위한 열망도 필요하다.
이해관계가 상충되는
다양한 구성원들 간의
행동과 협력이 가능하다.

SECTION 3

글·그림 김한민

왜 운명공동체는
기만적인가?

유한성
공동체 구성원 모두의
운명이 정말로 동등한
시간은 대단히 짧다.

비균질성
재앙의 공포로부터
해방되려는 열망을
제외하면 구성원 간의
공통 감각이나 목적이
부재하며, 그저 주어진
각자의 역할을 충실히
수행하는 데 몰두하는
'천차만별들'의 집합이다.

불평등
같은 재앙을 맞이해도
누군가는 그것의 온전한 피해자,
누군가는 재앙을 초래하거나
원인을 제공한 가해자,
누군가는 그 두 가지 모두.
그러나 누군가는 가해자에게 순응했기에
결과적으로 재앙에 기여한 동조자,
누군가는 가해자에게 저항해
재앙의 피해를 줄인 공로자이다.

INSPIRING

공동운명체의 배신자는 누구인가?

이런 구성원/집단이 있다고 치자.
공통의 것이 공통의 것임을 부정하는
신화와 신념체계를 바탕으로
생산과 소비 수단을 독차지하고,
모든 것을 더 많이, 더 빨리 취하기 위해
다른 존재들을 이용하고 동원한.
그리하여
결코 불가피하지 않았던 재앙을
키우고, 촉진시켜, 침몰을 자초한….

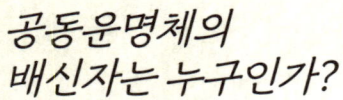

또, 그 집단이 공동체의 다른 구성원들에게, 마치 전쟁을 선포한 것처럼
육지에서 매년 육백억을, 수중에서는 그 다섯 배를 죽이면서
생존의 토대를 거덜낸 것도 모자라, 그 집단 내부에서까지 차별을 일삼고
노예를 부려먹은 후 -이제와서!- 눈앞에 닥친 재앙을 두고 '공통'의 운명,
고로 공통의 책임이라는 듯 슬그머니 책임을 떠넘기려 한다면. 그렇다면.

SECTION 3

피할 수 없을 것이다
반격 혹은 응징을!

가해자를 인간족,
피해자를 동물족,
동조자를 중간계 족속,
공로자를 테란족(terrans)
이라 명명할 수 있을 것이다.
먼저, 인간족은
어떤 대가를 치러야 할까.
방화범을 화재 속에서 구하는 것이 옳은가,
구하지 않는 것이 윤리적인가?

87   INSPIRING

모두가 자문해야 한다
"나는 어느 집단에 속하는가?"
"내 종족의 이름은 무엇인가?"

누가
살 자격이 있고,
누가 죽어야 마땅한가?

재앙으로부터 간신히
탈출하는 데 성공하더라도
파도가 잦아들고 분노가 차오르는
심판의 시간 따위 없다고
단정하지 않는 편이 현명하다.
어느 날 갑자기 불청객처럼
소환장이 도착할 날을 기대하시라.
그날이 오면
인간 세계에서나 통했던
징선권악이 더는 유효하지 않을 것이며
가해자는 물론 동조자들도
엄중히 죗값을 치를 것이다.

저승길을 결정할
법정의 판관 구성은
가해자에게 불리할수록
공평한 법.

철칙
피고의 운명은 생전
그에게 가장 모질게
학대당한 피해자들의
판단에 맡길 것!

SECTION 3

유죄-!
본 동조인의 죄명은
지구와의 전쟁에
가담한 공모죄이니….

선고
주어진 형벌은
단순 사형 이상의 것.
피해자로 환생하여
그의 입장에서
죽음과 먹힘을
온전히 감각하도록
강제당하는 형.

나아가,
아마존 투피족의
전쟁 전통처럼
적에 대한 복수를
포식으로 완성하는
식인 전쟁의
한복판으로
유배당하는 형!

SECTION 3

생포한 적을 먹는 것으로
우리 편이 복수를 했으니,
다음 전쟁에선 적이 우리 편
포로를 잡아먹음으로써
복수의 사슬을 이어간다.

포로는 탈출의 기회가 있어도
도망은커녕 보란 듯 당당하게
자신을 둘러싼 살육의 축제를 즐기고
적에게 죽어 먹히는 것을
명예로 여기는 전쟁!

죽고 죽이며
먹고 먹히는

이 무의미한 전쟁 혹은 '복수-기계'를
영속시키기 위한 살육의 과정을
잠시도 눈 감지 못하고 목도해야 하는,
죽고 다시 태어나기를 무한반복하는
이 '야만적인' 형벌은,
문명인 죄수에게 대체
어떤 교훈을 주기 위해 고안된 것일까?

INSPIRING

잠깐, 착각은 금물.
식인이 곧 야만인가?
먹는 대상과 복수의 목적을
투명하게 인식한 식인종과 달리…

전쟁을 전쟁으로
복수를 복수로
적을 적으로
인식하지도, 인정하지도 않은
문명인이야말로
　　　　다른 모두를 적으로
　　　　일상을 복수의 도살장으로
　　　　지구를 전쟁의 폐허로
　　　　만드는 데 성공했다.
가장 야만적인 방식으로써
가장 야만적인 결과로써.

자는 척하는 이를
깨우기 힘든 만큼,
잔 적이 없다고 굳게 믿는
졸음꾼을 깨우기도 힘들다.
문명의 야만성을 비춰주는
거울은 발명되지 못했다,
불행히도.

"지옥, 그것은 타자이다"?
L'enfer, c'est les Autres
아니다.
지옥은,
다른 삶들을 지옥으로 만들면서
생존해온 생존자의
얼굴 그 자체이며,
스스로는 깨닫지 못한 그 진면목이
나에게 보이는 순간 열리는 문이다.

이제 당신도
가혹한 형벌이 주어진 이유를
수긍할 수 있을 것이라 믿는다.

INSPIRING

*이 원고는 그림소설 《착한 척은 지겨워》(2021년 워크룸프레스 출간 예정)에서 발췌했다.

QUESTION 11

그래픽노블   모두를 작으로 돌린 인류세의 악당들   김한민(작가)

우리는, 우리를 위해, 미움을
Usage of hatred

QUESTION 12

사진에세이

황예지
사진작가

미신처럼 떠다니는 코로나바이러스 덕에 내 일상은 빠른
속도로 변해가고 있다. 이전에는 좋아하는 것 이상으로
사람들과 부대끼고 더부룩한 속을 부여잡고 집에 돌아왔다면
요즘은 사람을 찾지 않고 혼자 있는 시간을 알아가고 있다.
소화제와 변비약, 체기를 밀어내는 알약과 멀어진 것은
이번이 처음이다. 이 알약들과 멀어지니 나에겐 다른 모양의
알약이 생겼다. 처방전에는 항우울제, 항불안제라는 명칭이
너절하게 적혀 있다. 색색 알약이 내 기분을 어느 정도
책임진다니. 믿고 싶지 않지만 약을 먹은 날에는 깊은 잠에
빠진다.

  죽고 싶다는 생각을 오래 했다. 언제가 적당할지 어떤
방식이어야 할지 고심했다. 지금 생각해보면 참 어린 나이라
안쓰러운 마음이 든다. 몇몇 등장인물에는 득달같이 달려들어
화내고 싶다. 어린 나에게는 포옹을 전해주고 싶다. 그저
잠깐의 포옹. '죽고 싶다'는 말을 유행어처럼 쓰는 세계이기에
저마다 죽음을 꿈꾸리라 생각했다. 참 안일한 생각이었다. 더
살고 싶고 할 수만 있다면 영생하고 싶다는 사람을 두 눈으로
보았을 때는 뺨 맞은 것처럼 얼얼했다. 삶에서 탈락하고 싶은
이 열망은 어쩌면 염증일 수 있겠구나. 죽음의 시뮬레이션은
나를 쉽게 놔주지 않았고 나는 제 발로 상담센터에 도착했다.
그들은 나를 내담자라고 호명했다. 죽지 않겠다는 각서를
쓰고 비상 연락망에 가장 만만한 사람의 번호를 적었다.
괜찮다고 말하는 내 심리검사 결과지는 차분하게 엉망이었다.
상담 선생님과 센터장님은 약물치료를 병행할 것을 권고했다.

INSPIRING

병명을 붙잡히지 않기 위해 오래도록 피해 다녔는데 꼬리가 꽉 잡혔다. 선언하는 것처럼 느껴져 한결 편하기도 했다. 학생들이 모인 운동장 한가운데에서 소리를 지르면 이런 기분일까. 아침 약, 저녁 약, 응급약. 세 개의 다른 장르가 생겼다. 우울을 적극적으로 수용하면서 같은 사건을 지나온 가족들에게도 상담을 받았으면 좋겠다는 말을 건넸다. 감정에 무심하게 굴기로 한 아빠, 합리화에 강한 엄마는 됐다고 손을 내저었고 언니는 곧바로 상담을 예약했다. 나는 상담을 받고 차분하게 시간을 보내는 편이었고 언니는 주변인에게 과정을 설명하고 감정을 표출하는 편이었다. 본인을 상처 낸 것들을 솎아내다 보니 점점 내가 미워지는 눈치였다. 십여 년 전, 엄마는 집을 나가면서 두 통의 편지를 남겼다. 아빠의 것은 없었고 두 딸을 위한 편지만 있었다. 나에게 쓴 편지는 부드러운 작별 인사였고 언니에게 쓴 편지는 돌덩이였다. 엄마는 언니가 본인의 역할을 대신해야 한다고 눌러 적었다. 그 시점부터 언니의 육체와 시간은 고장 났다. 두 사람도, 한 사람도 되지 못한 그 사람은 유령이 되었다.

"엄마, 아빠 때문에 죽고 싶었던 적은 없었거든?
근데 너 때문에는 죽고 싶었어."

언니는 상담 중기에 칼날을 내 쪽으로 틀었다. 나는 이 사람에게 어떤 잘못을 했기에 이렇게 잔혹한 문장을 듣게 됐을까. 비겁한 것, 언니를 보호하지 못한 것이 생각났다. 어떤 장면들이 스쳤고 결국에는 슬퍼졌다. 언니에게 나는 신앙이었다. 나를 기다렸고 누구보다도 나의 사랑을 갈구했다. 나를 가꾸고 갈기갈기 찢어야만 언니는 유령이 되는 일을 멈출 수 있다고 믿었다. 구원을 기다렸다. 그것에 내가 성실하게 응하지 않아 언니는 죽고 싶었을 것이다.

죽고 싶게 만들어서 미안하다고 사과했다. 그리고 반격했다. 내가 언니보다 여섯 살이 더 어렸다고, 언니가 엉성한 훈육자를 자처해도 나는 반항하지 않았다고. 컵을 던지고 소리를 지르고 발악하고 싶은 날에도 나는 위계를 뒤집는 일은 하지 않았다. 내가 가까스로 지킨 이 질서에 대해 언니는 이해해야만 했다. 언니가 멱에 칼날을 들이대야 할 것은 제 나이로 살지 못하게 하고 떠난 엄마와 엄마의 문장이었다. 언니는 내 말을 듣고 남루한 사람이 되었다. 공격에 실패해서 기가 죽은 날짐승이었다. 나를 괴롭히는 것을 관두고 엄마를 미워하기로 한다. 누구도 미워하지 않고 제 시간을 사는 게 가장 바람직하겠지. 허나 우리 같은 사람들은 아직 미움이 필요하다. 언니와 같은 대열에 서서 과거의 기억과 엄마를 미워하기로 한다. 엄마의 행동과 문장을 곱씹는다. 약하고 늙어빠진 엄마 얼굴에 대고 화낼 일은 없을 것이다. 마음으로만 미워한다. 우리는, 우리를 위해, 미움을 쓴다.

MAGAZINE G

책의 작은 내 친구인가? : 내 편 혹은 내 편

ISSUE 2

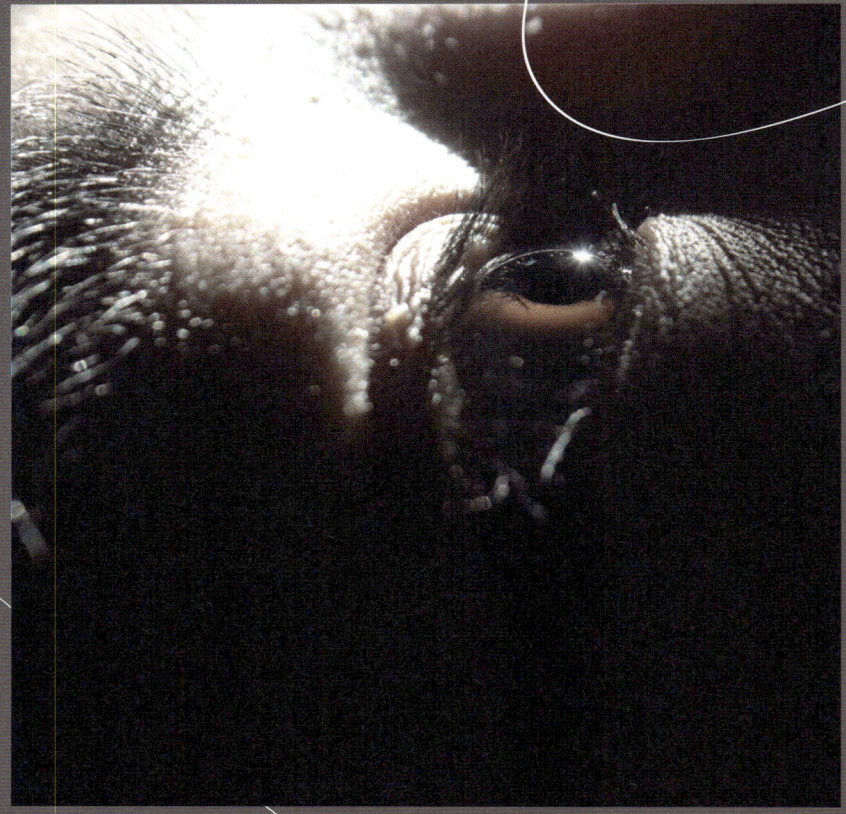

SECTION 3   100

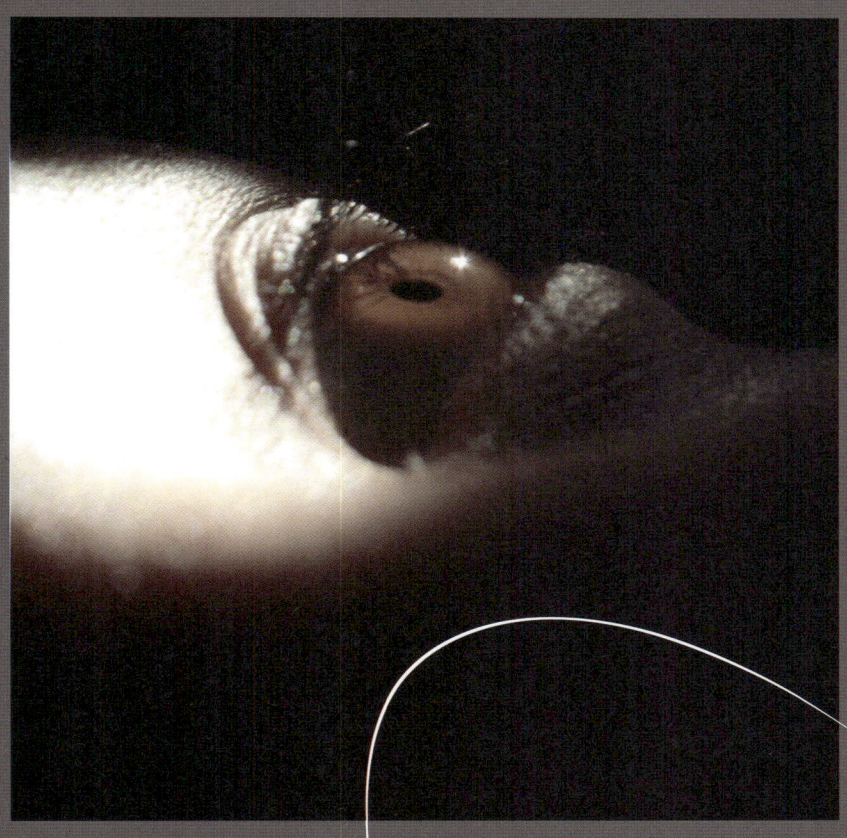

QUESTION 12

사진에세이 우리는, 우리를 위해, 마음을

황예지(사진작가)

101 INSPIRING

어제는 언니가 등장하는 시를 처음으로 썼다.

1.
학교에서 돌아오면 그녀가 있다
잘 갔다 왔냐고 묻는다 엄마도
아닌 것이 엄마의 가죽을 쓰고서
나에게 묻는다 나는 그녀가
자신의 나이로 사는 게 혹은
유치한 게 아주 괘씸하다 그녀는
역한 냄새가 풍기는 복도에서
양초를 들고 서 있으라고 나에게
지시했다 촛농이 손 위로
떨어진다 나를 괴롭히는 것이
즐거운 표정이다

2.
학교에서 돌아오면 그녀가 있다
손을 씻는다 엄마를 삼킨 거냐고 묻자 나를
비웃는다 붉은 입자가 발자국을 끈질기게 붙잡는다
엄마의 창자는 볕이 좋은 베란다에 잘 널려 있다
그녀는 저것을 잘 말려 줄넘기를 할 거라고 나에게
말했다 마주 보고 뛴다 드레스 끝자락이 펄럭인다
열두 번 넘지 못하면 나는 벌을 받게 될 것이다

3.
학교에서 돌아오면 그녀가 있다
귓바퀴를 붙잡는다 그녀가
엄마의 가위로 내 머리카락과
속눈썹을 자른다 그녀는 털은
바짝 잘라야 굳세게 자란다고
믿고 있다 나는 여기저기
생채기가 나고 거지꼴이 되었다
그녀는 머리카락을 털어주며
만족스럽다고 나에게 말한다
다시 태어난 기분을 느껴보라고
한다 나는 다시 태어났다

(후략)

말
Words

김엄지
소설가

QUESTION 13

엽편소설

Illustration by JoA☺

처음으로 자를 갖게 되었을 때를 기억한다.
선을 긋고 싶고, 선들로 아주 한 면을 다 채우고 싶고.
기어이 확신을 갖는 모습.
누군가와의 대화는 쉽게 무력감을 준다.
누구의 잘못도 아니다.
그건 말이 아니다.
누군가는 잘못했다.
하늘을 보면 공평할 수 있을까.
하늘은 어디에나 있고 어디에도 없는, 멀기만 한 것
아닌가요?
갑자기 어디에서 바람이 부는 걸까.
갑자기 뭐가 흔들렸을까.
속눈썹은 언제나 미동이다.
사람들은 언제 공평해질까.
무언가 내리칠 때.
비극이 비극으로 비춰질 때.
거짓말이 세상에서 제일 나쁜 말이라고 아는 사람처럼.
완전한 우연만 기다리는 사람처럼.

Illustration by JoA☉

QUESTION 13 / 얄팍소설 말

김엄지(소설가)

Illustration by JoAO

SECTION 3

QUESTION 13

엽편소설 말

김엄지(소설가)

내가 정말 싫어하는 말들은
이렇게 시작한다.

다름이 아니라,
미안하지만,

다름이 아니라 내가 너희 집에 오늘 오후에 찾아가야 할 것 같다.
다름이 아니라 너희 집에 두고 온 문서를 가져와야 할 것 같다.
다름이 아니라 그 문서의 복사본이 필요하다.
다름이 아니라 우리 집이 경매에 넘어가게 되었단다.
다름이 아니라 그래서 나는 문서가 필요하고. 너는 나에게 뭘 해줄 수 있지?
다름이 아니라 이사를 해야 한다.
다름이 아니라 이사 비용을 네가 부담하는 것으로 나는 알고 있었는데.
다름이 아니라 내가 너에게 짐이 된다 해도 너는 어차피 일평생 피할 수 없다는 걸.
다름이 아니라 나는 너와 인연을 끊겠다.
다름이 아니라 우리 집에 있는 흰색 나일론 끈, 그것만은 버리지 말아다오.
다름이 아니라 너는 왜 옛날이야기를 자꾸 꺼내서는.
다름이 아니라 내일은 비가 많이 온다고 하니 지하철을 타지 말거라.
다름이 아니라 네가 타는 지하철마다 침수할 테니.
다름이 아니라 네가 서 있는 곳과 가장 가까운 비상문마다 불타고
굳게 닫혀 영원히 열리지 않을 테니.
다름이 아니라 너는 나를 차단할 수 없다.
다름이 아니라 나는 네가 오가는 거의 모든 곳에 언제나 기습적으로 찾아갈 수 있고.
다름이 아니라 내가 정말 필요한 건 문서이고 네가 가지고 있으니 그것만 나에게 다오.
다름이 아니라 내가 늙거든 네가 내 임플란트까지는 책임져주겠지. 믿고 있단다.
다름이 아니라 내가 너를 찾아갔을 때 너는 없어도 좋다.
다름이 아니라 내가 필요한 건 너가 아니라 너와 관련된 나의 문서뿐이다.

Illustration by JoAO

QUESTION 13

엽편소설 말

김언지(소설가)

111   INSPIRING

적의 적은 내 친구인가? : 내 편 혹은 내 편

미안하지만 너는 잘못 생각하고 있어.
미안하지만 과거를 잊지 못하는 것도 죄란다.
미안하지만 그 무엇도 과거가 되지 못하는구나.
미안하지만 잊히는 건 없고 썩지도 못하는구나.
미안하지만 내일은 꼭 은행에 가서 내 문서를 찾아오렴.
미안하지만 그건 네 의무다.
미안하지만 난 너에게 미안하지가 않다.
미안하지만 나도 너를 사양하마.
미안하지만 내가 죽는다고 해도 넌 나 때문에 괴로울 것이다.
미안하지만 내 덕분에 괴로운 것을 고마워하거라.
미안하지만 넌 내가 보기에 복에 겨워서 네 복을 차고 있어.
미안하지만 네가 개라면 개고기라도 해먹을 텐데. 이 개만도 못한.
미안하지만 나도 한다고 했어.
미안하지만 나라고 그러고 싶어서 그랬겠니?
미안하지만 어디에 빌어도 나아지는 건 아무것도 없을 거야.
미안하지만 아직까지 기다리니?
미안하지만 낙서에 실수는 없는 법이고.
미안하지만 너는 낙서 같은 사람이니 그다지 잘못 산 것만은 아니구나.
미안하지만 네가 너인 게 네 제일 큰 잘못이야.
미안하지만 내일까지 동사무소엘 가서 내 문서를 좀 전해줄래?
미안하지만 그 문서는 다른 여러 문서들과 조금도 다르지 않고
똑같이 생겨서 구분하기에 쉽지는 않겠다마는.
미안하지만 너만 믿는다.

느닷없는 새벽에.
반드시 올 연락을,
핸드폰을 집어던지거나.
벽에 머리를 찧거나.
가끔 허공을 보면서.
그 사람의 의미를 생각해봤던 것 같다.
시간 아깝게.

Illustration by JoAO

QUESTION 13 | 엽편소설 말 | 김엄지(소설가)

SECTION 4 / MECHANISM

고속도로의 이방인들 : 완전한 타인과 친구가 될 수 있을까
기술과의 수고스러운 관계 맺기
적과 함께
적을 만드는 말, 친구를 만드는 말
멀지도 가깝지도 않게 : 관계의 가성비가 필요할 때

사회	김광기(사회학자)
기술공학	신유정(과학기술정책학자)
의학	이재갑(감염내과 전문의)
실용	박소연(작가)
문화	미깡(웹툰작가) × 편집부

고속도로의 이방인들 :
완전한 타인과 친구가 될 수 있을까
Strangers driving on the highway

QUESTION 14

사회

김광기
사회학자

Photo by Noah-Silliman on Unsplash

'낯선 이를 피하라!' 동서고금, 남녀노소를 막론하고 지켜야 하는 것이 되어버린 경구다. 부모는 아이에게 낯선 이가 다가오면 반드시 피하라고 가르친다. 우리는 어릴 때부터 교육받은 대로 어른이 되어서도 낯선 이, 즉 이방인은 무턱대고 의심부터 해야 하는 요주의 인물로, 절대로 믿어서는 안 되는 존재로 자리매김한다. 이방인을 친구가 될 수 없는 존재로 구별하고, 어쩌다 섞이게 되더라도 물과 기름처럼 융화할 수 없는 존재로 각인한다.

한마디로, 이방인은 먼 존재다. 이에 반해 가족과 친구를 비롯해 친한 이들은 매우 가까운 존재로 인식된다. 이들과는 비교적 허물없이 지내며 흉금을 털어놓고 우의와 사랑을 다진다고 굴뚝같이 믿고 있다. 반면 이방인은 그럴 수 있는 존재들이 결코 아니라고 생각한다. 흔한 통념 중 하나다. 그런데 과연 이 통념은 맞는 걸까? 필자의 경험담을 듣고 판단해도 늦지 않다. 2008년 연구년을 맞아 워싱턴주 시애틀에 머물 때의 일이다.

빗길의 동행자

우기 아니랄까봐 어김없이 지긋지긋한 비가 내리는 우중충한 날이었다. 오리건주를 방문했다가 워싱턴주 시애틀로 돌아오는 길이었다. 어느새 밤이 깊어지고 울창한 침엽수림까지 더해져 온 세상은 칠흑 같은 어둠으로 뒤덮였다. 해안가에서 내륙으로 향하는 비 내리는 지방도로는 말 그대로 구불구불, 위험천만이었다. 가뜩이나 밤눈이 어두운 나에게 그 길은 지옥의 심연, 타르타로스(Tartaros)와 다름없었다.

그런 나에게 구세주가 나타났다. 저 멀리 앞에 간간이 브레이크를 밟는 차량이 어렴풋이 보였다. 시야 확보가 어려운 밤에는 일정 간격을 두고 앞차를 따라가는 게 제일 안전하다. 길의 모양새가 대강 그려지기 때문이다. 그 차 덕분에 나는 안도감과 여유를 갖고 지방도로를 벗어나 고속도로로 진입해 시애틀로 향할 수 있었다.

그런데 고속도로로 갈아타는 분기점에서부터 앞차가 버벅거리기 시작했다. 고속도로에 차량이 많아졌기 때문이다. 나는 회심의 미소를 지으며 앞차를 추월했다. 가로등은 없었지만 수많은 차량의 미등과 헤드라이트가 시야를 밝혀주었다. 쭉쭉 뻗은 고속도로에서 그까짓 비쯤은 이제 더 이상 문제될 게 없었다. 나는 엉금엉금 거북이 행보를 하는 다른 모든 차량을 비웃기라도 하듯 차를 쌩쌩 몰았다.

그러나 우쭐한 마음도 잠시, 내 뒤로 차량 한 대가 따라붙은 것을 직감했다. 고속도로 순찰차일까? 순간 당황한 나는 차량의 정체를 파악하려고 속도를 약간 줄이면서 백미러를 유심히 살폈다. 다행히도 지방도로에서 나를 인도해주던 바로 그 차였다. 순찰차가 아닌 것을 확인한 나는 경계를 풀고 다시 속도를 올렸다.

그런데 놀랍게도 그 차는 계속 나를 따라 같이 움직였다. 뒤꽁무니에서 떨어지는 법이 없었다. 그렇게 지방도로에서는 내가 그 차를, 고속도로에서는 그 차가 나를 인도자로 삼아, 두 대가 꼭 한 대인 양 한밤중 미국 북서부의 빗길 도로를 달렸다.

더욱 흥미로운 일은 그다음에 벌어졌다. 내가 추월의 여지가 있어 보이는 쪽으로 차선을 변경하려 할 때, 그것을 감지한 해당 차선의 다른 차량이 속력을 높여 내 진입을 방해하려 들 때다. 그런 상황이 되면, 내 뒤를 바짝 따르던 그 차는 내 추월 시도를 좌초시키려 드는 해당 차량의 전면에 재빨리 파고들어 내가 진입할 수 있게 앞 공간을 터주거나, 자신이 파고든 김에 아예 앞으로 치고 나가 내가 차선을 변경할 수 있게 뒤 공간을 내어주었다. 후자의 경우, 잠시 앞서 가던 그 차는 옆 차선으로 빗겨나가 나를 먼저 보내고는 어김없이 내 뒤로 원위치한 뒤 다시 나를 바짝 따랐다. 간혹 나에게 도움과 편의를 주되, 고속도로에선 내가 그보다 한 수 위임을 인정하며 주도권을 넘기는 셈이었다.

시애틀에 진입하기 전, 고속도로는 두 갈래로 나뉜다. 나는 계속해서 왼쪽 도로를 타야 했다. 분기를 알리는 표지판이 보이기 시작하자마자, 나는 맨 왼쪽 1차선으로 일찌감치 갈아탔다. 나를 따르던 뒤차에 왼쪽 길을 탈 것이라는 암시를 주기 위해서였다.

그러자 뒤차는 오른쪽 차선으로 이동해 나를 추월한 후 왼쪽
깜빡이를 켜고 내 앞으로 진입했다. 나는 속도를 줄여서
진입과 추월을 허용했다. 이제부터는 자기가 잘 아는 길이니
주도권을 쥐고 앞서겠다는 뜻으로 받아들였다.
　　　그러나 내 예상과 달리, 그 차량은 비상등을 잠시 켰다가
끄고서는, 오른쪽 깜빡이를 켜고 맨 오른쪽 차선으로 빠지더니
분기점의 오른쪽 도로로 향했다. 나는 그제야 알아차렸다.
그 차량의 일련의 행위가 나에게 하는 작별 인사였다는
것을. 아울러 지방도로에서 안내자가 되어준 그 차에 내가
고마워했듯이, 고속도로에서 안내자가 되어준 내게 그 차가
고마움을 표시한 것이라는 사실을. "재미있는 시간 보냈어.
고마워, 친구. 잘 가" 하는 인사였다는 것을! 그것을 깨달았을
때 나는 가슴에서 뜨거운 무언가가 올라오는 것을 느꼈다.
　　　나는 그때도 지금도 그가 누군지 전혀 알지 못한다.
심지어 그때의 차량도 기억하지 못한다. 그때나 지금이나
명징한 것은 아무것도 없다. 그의 얼굴도, 이름도, 성별도,
나이도, 직업도, 음성도, 그 외 모든 것을 전혀 알지 못한다.
그는 철저히 익명성 속에 존재하는 완전한 타인, 그것도
얼굴조차 지워진 이방인이었다.

이방인들의 교감
그날 그 도로에서 일각이 여삼추같이 여겨져 한시라도 빨리
목적지에 도착하기를 바란 내 마음을 알아주었던 사람은 차에
함께 타고 있던 내 아내도, 자식들도 아니었다. 그들은 나를
믿고 곤히 잠이 들어 있었다. 그들은 나의 곤경과 애로를 전혀
몰랐다. 나의 가족은 그날 어떤 일이 벌어졌는지 도통 모른다.
그때나 지금이나 마찬가지다. 당시 운행의 어려움을 유일하게
알아주고 보듬어준 사람은, 그날 그 차량에 탄 타인이었다.
아이러니하게도 그는 나에게 완전히 이방인이었고, 그의
입장에서도 사정은 마찬가지였다.
　　　누가 오래된 친구만이 진정한 친구라고 감히 말하는가?

Photo by Matthew-Henry on Unsplash

서로 낯선 타인이었음에도 그와 나 사이에는 확실한 교감과 상호 이해가 분명히 존재했다. 그와 나 사이엔 무전기도, 무선 전화기도, 그 어떤 의사소통 수단도 존재하지 않았다. 단지 있던 것은 깜빡이와 비상등 그리고 브레이크등과 시시때때로 달라지는 자동차의 속력뿐이었다. 그(혹은 그녀인지 모른다)와 나는 그렇게 주어진 상황에서 서로의 마음과 의도를 간파하면서 서로의 운전을 조율했고, 그렇게 교통의 흐름을 유지해 헤어질 때까지 완벽한 조화를 이루며 함께했다. 서로에게 완벽한 조력자와 보호자, 인도자와 구세주 그리고 친구가 되어. 완전한 타인끼리, 철저한 이방인끼리 말이다.
  그 시간 동안 우리는 오랜 친구 이상의 동지가 되어 서로를 의지했다. 이방인끼리 순간적으로 맺은 우정이라고 절대로 깔봐서는 안 된다. 오히려 더 순수하고 깨끗한 감정이기에 그렇다. 거기엔 너절한 반대급부도, 어떤 조건도 붙어 있지 않았다. 사회학적으로 말하면, 서로 순수한 사회적

SECTION 4   122

관계를 맺은 것이다. 고작 두서너 시간, 시작되어 지속되고 헤어지면 그것으로 끝나는 관계. 잠시 명멸했다가 사라지는 밤하늘의 폭죽 같은 관계. 그 일이 나에게 강렬한 기억으로 남은 것은 그 순수성 때문이다.

    모든 사회적 관계엔 반드시 의무가 따른다. 완전한 타인, 이방인 사이에도 예외는 없다. 일단 서로가 서로를 의식하고 서로의 행동을 조율해 서로 한번 꿰맞추기 시작하면, 내가 경험한 것과 같은 종류의 짧은 만남에서도 반드시 상호 의무감이 생기기 마련이다. 그것을 충족하느냐 마느냐는 나중 문제다. 나도 마지막 분기점에서 의식적으로 1차선으로 차를 몰아 왼쪽 고속도로를 탈 것임을 일찌감치 그에게 알렸다. 일종의 의무감의 발로였다. 아무런 통고 없이 그냥 오른쪽 도로를 타면 그뿐이었을 그도, 잠시 비상등을 켜고(우리나라와 달리 미국에선 '끼어들어서 미안하다', '감사하다' 등을 표현하는 용도로 비상등을 사용하지 않는다.

MECHANISM

Photo by Ryoji-Iwata on Unsplash

그러니 더욱더 이상한 일이다) 감사의 마음과 작별을 고했다. 의무감이 들었다 해도 굳이 그럴 행동을 취할 필요까진 없었다. 그와 나는 완전한 타인이었으니까. 안 해도 그만인 완전한 이방인이었으니까. 다시는 만날 리 없는 이들이었으니까. 그러나 우리는 그 순간의 의무감을 배척하지 않고 그에 따른 행동을 취했다. 그로써 완전한 이방인들이 시간이 흘러도 잊히지 않는 '우리'가 되었다. 나는 그가 의무감을 실행하는 것을 보며 가슴 한편에서 묵직한 뭔가를 느꼈다. 그것은 낯선 타인들 간에도, 순간적인 만남에서도 예의가 존재했음을 말해준다. 모든 사회적 관계는 예의를 필요로 한다는 사회학자 에밀 뒤르켐(Emile Durkheim)의 지적은 그래서 옳다. 상호 예의가 제시되고 받아들여지면 그 관계는 한 단계 더 올라간다.

가깝고도 먼 존재
또 한 명의 중요한 사회학자 게오르크 짐멜(Georg Simmel)은 이방인의 특징으로 "친근성과 소원성의 통일(the unity of nearness and remoteness)"을 꼽았다. 쉽게 표현하면, 이방인은 가깝게 여겨지기도 하고 동시에 멀게도 인식된다는 것이다. 여기서 핵심은 사람 사이의 거리인데, 그 거리는 물리적 거리뿐 아니라 인지적 거리 모두를 포함한다.

그런데 이상한 점이 있다. 이방인이 멀게 느껴지는 존재란 것은 알겠는데 가깝다는 것은 도대체 무슨 말인가? 짐멜은 완전히 거리가 먼 존재는 사회학적으로 관심을 끌 이방인이 될 수 없다고 단언한다. 사회학적으로 흥미를 끈다는 것은 단지 사회학자뿐 아니라 일상을 사는 평범한 이들 모두에게 적용된다. 짐멜이 날카롭게 지적했듯, 이방인으로 범주화되는 인물은 "적당히 멀거나 적당히 가까운 것을 완전히 넘어선 존재가 아니어야"만 한다. 그런 의미에서 만일 '천랑성(Sirius)'에서 온 외계인이 있다면 그것은 이방인이 될 수 없다. 적당히 멀거나 적당히 가까운 것을 완전히 넘어선 존재이기 때문이다.

이제 이방인의 정체가 어슴푸레 드러난다. 이방인은 가깝고도 먼 타인이다. 이방인은 그 사이를 오락가락하는 존재다. "가깝게 보이다가도 아주 멀리 있는 사람처럼 보이는 거리감을, 동시에 멀고 먼 사람으로 여겨지던 자가 가까워 보이는 괴이함"을 장착한 타인이 바로 이방인이다. 항상 가까이 있는 것도 아닌, 항상 멀리 있는 것도 아닌 그런 아리송하고 묘한 아우라를 띤 자가 이방인이다.

그런데 이런 특징, 즉 가깝다가도 멀어 보이고, 멀어 보이다가 가깝게 여겨지는 것이 단지 이방인에게만 해당되는가? 짐멜은 이런 특징이 이방인뿐 아니라 모든 인간관계에서도 목도된다고 지적한다. 모든 인간은 이방인처럼 서로가 서로에게 가까웠다가 멀어지고 멀어졌다 가까워진다. 가장 친밀한 관계도 어느 한순간 갑자기 얼음장처럼 차가운 관계로 돌변할 수 있으며, 불구대천의 원수가 하루아침에 동지가 될 수 있는 게 인생사다.

원래부터 이방인이 아닌 자 누구인가? 우리는 모두 어디서 와서 어디로 가는지조차 모르는 청맹과니 이방인이다. 만남으로 이루어진 관계와 사회는 이방인의 것, 이방인의 세계다. 우리 세계는 순전히 이방인투성이다. 오랜 친분으로 특징지어지는 친구, 친지, 가족 등의 관계는 이와 무관하다 여기는 것은 모두 허상이요, 착각이다. 그 관계 속에서도 우리는 그들을 이방인으로서 경험할 때가 분명히 있다. 그 반대도 마찬가지다. 무엇보다 이 세계에 우리는 모두 이방인으로 침입해 들어왔고, 언젠가 홀로 이 세계를 빠져나갈 것이다.

그럼에도 우리는 관계 맺는 시간의 길고 짧음으로만 이방인과 이방인 아닌 자를 나누는 한심한 버릇이 있다. 짧으면 이방인, 길면 이방인이 아닌 자라는 식이다. 이 얼마나 우매한 일인가. 이러한 우매함은 이방인이 절대로 친구가 될 수 없다고 말하는 데서 절정에 이른다. 이방인은 결코 믿을만한 친구가 될 수 없다고 단언하기도 한다. 그런데 보라. 나는 고속도로에서

SECTION 4   126

만난 이방인을 친구로 경험했다. 아니, 친구에게서 느낄 수 있는 것 이상으로 아주 강렬한 감정까지 느꼈다. 그러니 이 얼마나 이상한 일인가. 이 이상한 감정 때문에 그는 나에게 이방인이다. 멀지만 가까이 있는, 그러나 다시 사라져 멀어진 이방인. 그러니 이방인은 친구가 될 수 없다고, 친구는 이방인일 리 없다고 속단하는 우를 범해서는 안 될 것이다. 더더군다나 우리가 애지중지하는 친구가 이방인일 수 있음을 짐멜이 각인시켜주고 있지 않은가?

인간, 고속도로의 외로운 자동차
이제까지의 이야기와 조화를 이루는 사회학자의 이야기가 있다. 사회학자 해럴드 가핑켈(Harold Garfinkel)은 UCLA의 강의 시간에 늘 사회를 고속도로의 교통 흐름에 비유했다고 한다. 교통의 흐름은 꼬리에 꼬리를 문 차량들이 서로 부딪치지 않으려 애를 쓰면서 서로가 서로의 움직임을 조율해 만들어낸 순간적인 질서 그 자체다. 가핑켈이 숫자와 통계 속에 화석화된 사회학을 배격하며 살아 있는 사회를 발견하고 구체화할 것을 주창했음을 감안하면, 이 교통의 비유는 그의 사상의 요체를 가장 정확하게 대변해준다고 볼 수 있다.

사회를 정확히 보여주는 것이 교통이라고 여긴 가핑켈의 생각에 내 생각을 조금 더 보태면 매우 흥미로운 그림이 그려진다. 만일 교통의 흐름이 곧 사회라면, 교통의 단위는 차량이고 사회의 단위는 개인이므로, 한 사람 한 사람은 고속도로를 달리는 차량에 빗댈 수 있겠다. 도로 위의 차량은 완전한 익명성을 띤 채 달린다. 마찬가지로 사회라는 흐름 속에서 타인과 교분을 맺고 살아가는 인간들도 따지고 보면 완전한 익명성을 띤 채 살아가고 있다고 보아도 크게 무리되진 않을 것 같다. 여기서 익명성이란 단지 상대방의 이름을 알았다고 해서 그의 모든 것을 완벽히 안다고 말할 수 없음을 가리킨다. 내 앞 은행원의 명찰을 보았다고 해서 내가 그의 모든 것을 안다고 말할 수 없음을 상기해보라.

도로 위의 차량이 절대로 그 속을 다 보여주지 않는 것처럼, 인간은 서로가 서로에게 철저하게 이방인으로서 잠시 교분을 맺었다가 이내 헤어진다. 차량 속 운전자의 정체를 알 수 없듯, 우리는 타인의 마음속에 정확히 무엇이 들어 있는지 가늠할 수 없다. 즉 우리는 서로가 서로에게 이방인이다. 그러나 한편으로 우리는 차량들이 서로 부딪치지 않으려 애를 쓰며 다른 차량이 보내오는 신호와 속력의 증감에 민감하게 반응하면서 각자의 목적지에 도달하려 하듯, 타인이 보내는 신호에 반응해 자신의 행동을 조율해나간다. 타인의 표정, 손짓, 시선, 제스처, 침묵, 말투 등에 반응해 행동한다. 그 순간 만남은 깨지지 않고 이어지며, 그렇게 사회의 모습이 잠시 드러난다. 물론 그런 만남의 유효성은 그 순간이 지나면 사라진다. 이방인끼리의 사회적 관계는, 그리고 그로 인한 사회적 질서는 그 순간만 가능하다. 이후는 또 어찌 될지 모를 일이다.

    가핑켈은 이방인에 대해 본격적으로 다룬 적이 없다. 그러나 그가 언급했다던 차량은 이방인의 특성을 고스란히 지닌 인간을 의미한 것은 아니었을까? 명멸하는 교통 흐름이란 이방인들이 서로 교분을 맺었다 헤어질 때 순간적으로 생성되는 사회의 모습이 아니었을까? 이 추정이 맞는다면 현대 사회학의 한 획을 그은 거장 가핑켈이 그린 사회상은 이방인으로 이루어진 사회상이었다는 주장도 충분히 가능하다. 그리고 그런 이방인들의 사회에서는 완전히 낯선 타인, 즉 이방인이라고 해도 서로 친구가 될 수 있음은 물론이다. 애초에 처음부터 친구는 없었을 테니까.

QUESTION 15
기술공학

기술과의
수고스러운
관계 맺기

Inside the tech
ecosystem

신유정
과학기술정책학자

오늘날 인공지능 기술을 두고 한편에서는 외로운 독거노인의
말벗이 되어주는 따뜻한 '친구'로, 다른 한편에서는
무비판적으로 혐오와 차별의 말을 쏟아내는 해로운 '적'으로
묘사하곤 한다. 또 어떤 사람은 인공지능 기술을 침체된
한국 경제의 새로운 성장 동력과 일자리를 창출할 열쇠로
생각하지만, 어떤 사람은 노동자, 더 나아가 일반 시민의
일상을 시시각각 착취할 새로운 도구로 간주한다. 무엇이 맞는
생각일까? 인공지능은 우리의 적일까, 친구일까?

첨단 기술이 등장할 때마다 우리는 이런 식의 이분법
잣대를 들이대며 '그 정체가 무엇인지' 묻곤 한다. 첨단 기술의
불확실성이 누군가에게는 공포감을, 누군가에게는 기대감을
불러일으키기 때문이다. 하지만 첨단 기술을 이해하는 데
필요한 것은 공포감도 기대감도 아닌, 철저하게 종합적인
현실감각이다. 첨단 기술에 대한 무한 긍정 또는 무한 부정을
넘어서서 제3의 길을 모색해야 하는 까닭이 여기 있다. 단순히
'기술은 인간 하기 나름이니 유연하게 잘 활용해보자'고
주장하려는 것이 아니다. 그 반대로 기술이 그렇게
유연하지만은 않으니, 기술 형성의 전 단계에 걸쳐 수고스러운
관계 맺기를 해야 한다는 말을 하려는 것이다.

기술에 얽힌 관계들

사람은 어느 시점에 태어나 여러 환경을 거치며 하나의
인격체로 거듭난다. 하루아침에 특정 성격과 모습을 지닌
개인으로 사회에 깜짝 나타나지 않는다. 첨단 기술도
마찬가지다. 기술 또한 하루아침에 우리 눈앞에 친구 또는 적의
모습으로 나타나지 않는다.

인공지능을 예로 기술의 형성 과정을 살펴보자. 오늘날
인공지능은 대용량의 데이터를 학습하여 발견한 데이터의
규칙성을 바탕으로 알고리즘을 개선함으로써 특정 과제를
수행한다. 이 기술 개발에 양질의 대용량 데이터는 필수적이다.

최근 대학생들 사이에서는 '데이터 라벨링(data labeling)' 아르바이트가 유행하고 있다. '데이터 라벨링'은 사람이 일일이 원천 데이터를 확인하고 값을 매겨, 인공지능 기술 개발에 필요한 학습 데이터를 구축하는 작업을 말한다. 특정 사진에서 동물, 자동차, 글자 등을 찾아 경계를 따는 바운딩 작업부터, 해당 동물이 고양이인지 강아지인지, 장미인지 벚꽃인지 구별하는 태깅 작업까지 다양한 수작업이 있다. 난이도에 따라 단가는 건당 20원에서 200원 정도로 책정된다. 이런 작업을 통해 깔끔하게 정리된 데이터 세트(data set)를 만드는 것은 인공지능 기술 개발의 시작이자 핵심이라 할 수 있다.

흔히 데이터는 여기저기 널려 있는, 그저 가져다 사용하면 되는 풍부한 자원으로 여겨진다. 그러나 활용 가능한 형태의 데이터 세트를 만들기 위해서는 많은 시간과 노동이 필요하다. 메리 그레이(Mary L. Gray)와 시다스 수리(Siddharth Suri)는 보이지 않는 곳에서 인공지능 및 첨단 디지털 기술 개발에 필수적인 작업을 하는 사람들을 일컬어 '유령 노동자(ghost worker)'라 칭한 바 있다. 주로 어떤 사람들이 유령 노동자로 활동하고 있을까? 이런 고된 노동은 상당 부분 필리핀과 인도 등 인건비가 저렴한 지역에 외주화되곤 한다. 2018년 개봉한 다큐멘터리 〈검열자들(The Cleaners)〉은 글로벌 기술 개발 가치사슬의 말단에 놓여 있는 필리핀 노동자들의 삶을 잘 조명하고 있다.

이렇게 만들어진 데이터 세트를 바탕으로, 실리콘밸리 또는 도시의 많은 개발자들은 알고리즘 개발에 몰두한다. 이들은 이들대로 엄청나게 경쟁적인 환경에서 일하고 있다. 개발자들은 그들만의 시공간 감각을 공유한다. 매일같이 깃허브(Github, 개발자 대부분이 사용하는 플랫폼)에 올라오는 전 세계의 소스 코드들 사이에서, 가장 빠르고 효율적인 소수의 코드를 제공하는 개발자만 살아남는다. 개발자들이 속도 경쟁에서 밀리지 않기 위해 강도 높은 노동 환경에서 야근과 밤샘을 계속하는 모습은 우리 주변에서도 심심치 않게 볼 수 있다. 한국의 개발자들이 모여 있는 판교 테크노밸리는 밤새 불이 꺼지지 않아 "판교의 등대, 오징어 배"라고 불린다(이 비유는 게임 개발계를 묘사하는 데 처음 사용되었지만, IT 업계 전반의 문화를 묘사할 때도 종종 사용된다).

　　　　이런 환경 속에서 개발자들은, 구축하는 데 오래 걸리는 양질의 데이터 세트를 기다리기보다 당장 활용 가능한 데이터 세트를 찾곤 하며, 고려할 것이 많은 복잡한 문제보다 결과가 빨리 나올 수 있는 문제에 집중한다. 이 과정에서 개발 시간을 지연시킬 수 있는 개발 윤리 등 사회적 고려 사항은 우선순위에서 밀리곤 한다. 과학기술인류학자 다이애나 포사이스(Diana E. Forsythe)는 인공지능 연구자들의 생활 및 연구 행태를 장기간 관찰해《우리를 연구하는 사람들을 연구하기: 인공지능 세상 속의 인류학자(Studying Those Who Study Us: An Anthropologist in the World of Artificial Intelligence)》(2001)라는 책을 편찬한 바 있다. 이 책에서 포사이스는 인공지능 연구자들에게 가치 있는 문제는 어떻게 규정되는지, 왜 어떤 문제는 "너무 넓은(too broad)" 혹은 "유망하지 않은(unpromising)" 연구 질문으로 여겨지는지, 어떤 기술이 "작동하는(working)" 성공적인 솔루션으로 여겨지는지, 평가 기준은 무엇이며 그 배경을 이루는 문화는 무엇인지 조명하였다. (이 책에서 주로 다뤄지는 대상은 인공지능의 두 번째 부흥기라 불렸던 1980년대 초 연구자들이지만, 오늘날 인공지능 연구계와도 맞닿는 내용이 많다.)

　　　　이처럼 경쟁적인 환경에서 조금씩 형성되는 인공지능 기술은, 그 과정에 개입한 사람들의 생각, 가치관, 선입견, 판단, 결정 등을 반영한 채 진화해나간다. 유령 노동자들이 어떤 기준으로 데이터를 라벨링하고 분류했는지, 개발자들이 어떤 가정과 전제를 바탕으로 알고리즘을 설계했는지, 얼마큼의 시간 동안 누구를 대상으로 실험을 했는지, 연구

설계 및 진행 과정이 어떤 환경에서 이루어졌는지 등은 어떤 종류의 인공지능 기술이 만들어지는지를 결정짓는 핵심 요소라고 할 수 있다.

   고려해야 할 사항이 한 가지 더 있다. 첨단 기술 개발은 본디 많은 시간과 자본이 필요한 작업이다. 이 때문에 연구자들은 실험실에만 있지 않고 투자 유치를 위해 수많은 노력을 기울이며, 투자자들 또한 장래성 좋은 기술들을 찾기 위해 발 벗고 나선다. 한국처럼 연구 재원 조달 방안이 한정적인 나라에서는 소수의 기업 또는 정부에 이 역할이 집중되는 경향이 있다. 이들이 기술 개발 및 활용에 깊은 이해관계를 가지리라는 것은 쉽게 예상할 수 있는 사실이다. 오늘날 '인공지능 기술 지원'이라는 이름하에 여러 공공 및 민간 부문에서 지원이 이루어지고 있으며, 투자 및 인재 유치를 둘러싼 국가 간 경쟁은 계속 심화하는 상황이다. 국가 간 경쟁 심화 속에서 각국의 정치인, 투자자, 사업가, 관료들은 '어떻게 다른 나라(또는 다른 사람)보다 빠르게 인공지능

Photo by nasa on Unsplash

QUESTION 15 기술공학 기술과의 수고스러운 관계 맺기 신유정(과학기술정책학자)

기술을 선점할 것인지', '어떤 기술을 우선으로 지원하고, 어떤 분야부터 활용할 것인지', '어떻게 다양한 AI 시장을 빠르게 확보하고, 선순환 투자 시스템을 만들 것인지' 등에 혈안이 되어 인공지능 기술 개발 현장에 적극 영향을 미치고 있다.

기술 생태계의 여러 경계들

이처럼 기술 개발에는 다양한 사람들이 개입된다. 유령 노동자, 연구자, 개발자 외에 정치인, 사업가, 관료, 투자자 등이 각각 활동하는 모든 공간이 인공지능이라는 첨단 기술을 형성하는 현장이라고 할 수 있다. 그 현장은 미처 인지하지 못한 다른 나라일 수도, 불이 꺼지지 않는 연구실일 수도, 암투가 난무하는 정치판일 수도, 매일같이 롤러코스터를 타는 주식시장일 수도 있다. 따라서 이 광범위한 현장의 현실과 환경을 정확히 이해하고 누구에 의해, 왜 기술이 특정 방향으로 지원되고 형성되고 있는지 파악하는 것이 중요하다. 최근 미국

MECHANISM

MAGAZINE G

책이 작은 내 친구인가? : 네 편 좋은 내 편

ISSUE 2

Photo by n-kamalov on Unsplash

과학기술정책실(OSTP, Office of Science and Technology Policy)의 신임 부실장으로 선임된 앨런드라 넬슨(Alondra Nelson) 또한 취임사에서 기술 생태계의 중요성을 다음과 같이 역설했다.

> 인공지능에서 인간 게놈 편집에 이르기까지… 과학은 사람을, 관계를, 그리고 제도를 반영합니다. 알고리즘에 입력 값을 제공할 때, 장치의 프로그램을 만들 때, 테스트 및 연구를 설계할 때 우리는 인간으로서 선택합니다.… 누가 이러한 선택을 하는지가 중요합니다. 그들이 선택할 때 누구를 생각하는지 또한 중요합니다. 그렇기에 저는 그동안 항상 입력 값이 만들어질 때 그곳(the room)에 있지 않지만 그럼에도 불구하고 그 결과와 함께 살아가는 사람들과 그 공동체의 관점을 이해하려고 노력해왔습니다.… 과학과 기술이 우리(us)를, 우리라고 할 때 우리들(all of us)을, 그리고 진정한 우리 모두를 함께(who we truly are together) 반영할 수 있도록 해야 하는 책임이 우리에게 있다고 저는 믿습니다.
>
> _번역 재인용, 과학기술정책읽어주는남자들, facebook.com/STPreaders/posts/2257772974346565

다시 한번 말하자면 첨단 기술은 어느 날 갑자기 친구 또는 적의 모습으로 나타나지 않는다. 기술이 어떤 모습으로 만들어지고 있는지 알고 싶다면 기술 형성에 영향을 미치는 여러 환경과 사람들을 구체적으로 조명하고 점검해야 한다. "판교의 등대, 오징어 배"라고 불리는 연구 환경과 문화를 이해하지 않고 그곳에서 나오는 기술을 이해할 수 있을까? 치열한 국가 간 경쟁 속에서 연구비가 배분되는 상황을 이해하지 않고 오늘날 기술이 어떻게 형성되고 있는지 논할 수 있을까? 필리핀, 인도 등에서 저임금으로 데이터 라벨링을 하는 유령 노동자를 생각하지 않고 기술이 친구인지 적인지 물을 수 있을까? 첨단 기술이 형성되는 현장의 환경 또는 사람들의 변화·개선 없이 기술의 다양한 진화도 기대할 수 없으리라는 것을 명심할 필요가 있다. '기술은 인간의 적인가, 친구인가'라고 묻기 전에, 오늘날 첨단 기술을 만들어내는 생태계는 어떤 모습인지, 더 나은 생태계를 만들기 위해 할 수 있는 일은 무엇인지 물어야 한다. 그 현장에 초대받은 사람과 초대받지 못한 사람은 누구인지, 어떤 문화 또는 환경이 지배적 목소리를 만들어내는지 (이 때문에 간과되는 목소리는 무엇인지) 물어야 한다.

그렇다면 오늘의 인공지능 기술을 만들어내는 생태계는 어떤 모습인가? 연구 현장을 예로 들면, 지금까지 인공지능 연구 생태계는 특정 인종, 젠더, 지역의 사람들이 다수를 차지해왔다. 2019년 《국제 인공지능 인재보고서(Global AI Talent Report)》에 따르면 21개의 주요 인공지능 학술대회의 저자 중 여성의 비율은 18퍼센트에 불과했고, 2018년 인공지능 지표(AI Index)에 따르면 대학교에서 인공지능을 전공으로 연구하는 교수의 80퍼센트가 남성임이 밝혀졌다. 인종 다양성

문제도 심각하다. 구글에서 풀타임으로 일하는 직원 중 흑인의 비율은 2.5퍼센트였으며, 페이스북의 풀타임 직원 또한 흑인 4퍼센트, 라틴계 5퍼센트를 제외하면 백인이 대다수를 차지했다. 이런 첨단 기술계의 다양성 결여는 의도적이든 의도적이지 않든 일부 사회 구성원들에게 돌이킬 수 없는 차별과 피해를 가지고 오는 기술로 이어져 왔다.

인종과 젠더의 다양성 문제는 컴퓨터공학계의 고질적인 문제로, 1970~1980년 이래로 꾸준히 지적되어 왔다. 하지만 21세기인 오늘날에도 현장은 더딘 변화를 보여주고 있다. 2013년 기준 북미권 컴퓨터공학계의 여성 비율은 26퍼센트로 떨어졌는데, 이는 1960년대 수준과 거의 유사한 수치다. 이미 공고히 자리 잡은 문화와 구조 속에서 현장을 변화시킨다는 것이 얼마나 힘든 일인지 알 수 있는 지점이다.

다양한 연구들을 기반으로, 연구 현장과 정책 현장, 교육 현장 등에서 조금씩 다양성을 높임으로써 기술 개발 생태계를 진화시키려는 노력들이 계속되고 있다. 하지만

Photo by markus-spiske on Unsplash

2020년 말 구글에서 갑자기 해고된 인공지능 윤리 책임자 팀닛 게브루(Timnit Gebru)의 소식은 현장의 변화를 꾀하던 여러 사람들에게 좌절감으로 다가왔다[필자가 이 글을 쓰고 있는 현재 구글에서 또 한 명의 인공지능 윤리 연구자 마거릿 미첼(Margaret Mitchell)을 해고했다는 소식이 북미권 신문을 장식하고 있다]. 기술 형성의 다양한 현장(연구실, 사장실, 교실, 증권거래소, 국회, 행정부 등)의 생태계 변화 없이, 사후적인 윤리 또는 규제로 기술의 모습을 바꿀 수 있으리라 생각하는 것은 순진하다 할 수 있다. 이런 이유로 북미권에서는 나름 노력하며 투쟁을 벌이고 있으며, 다른 나라들도 각자의 첨단 기술 생태계를 만들어나가는 중이다.

지금 여기의 과학기술 생태계

그렇다면 한국은 어떠한가? 인공지능에는 관심이 많은 반면, 기술 형성 생태계에는 관심이 부족한 듯 보인다. 한국 인공지능 기술 형성 생태계는 어떤 모습인가? 어디서 어떤 사람들이 주로 참여하고 있는가? 어떤 교육 과정을 밟은 사람들이 생태계를 만들고 있는가? 이들은 어떤 집단 구조 및 문화를 형성하고 있는가? 인종은 다양한가? 젠더는 다양한가? 인공지능 정책 결정 현장은 어떤 모습인가? 각종 민간·공공 지원 자금은 어디에서 흘러와서 어디로 흘러가는가? 시장에 나온 기술들은 한국 사회에서 구체적으로 어떤 사람들과 어떤 관계를 맺으며 진화하고 있는가?

이 질문들의 답은 인공지능에 대한 추상적인 논의를 펼쳐서는 얻을 수 없다. 그보다는 한국 기술 형성 생태계의 여러 현장에 대한 구체적 실증 연구를 바탕으로, 어떤 환경 속의 어떤 사람들이 기술 형성 과정에 어떻게 영향을 미치고 있는지 살펴볼 때만 답할 수 있다. 이때 필요한 것은 기술에 대한 과도한 기대감도 공포감도 아닌 종합적이고 구체적인 현실감각이며, 이를 가능케 할 깊이 있는 실증 연구일 것이다.

몇몇 사람들이 기술에 대한 기대감과 공포감으로 양분되어 '편 가르기'를 하는 동안, 한국의 첨단 기술 생태계는 그 상태 그대로 유사한 환경에 방치되어 있다. 기술이 '친구인지 적인지' 묻기 전에 우리가 한국의 기술 생태계를 얼마나 알고 있는지부터 생각해보자. 시간이 걸리고 수고스러울 것이다. 그러나 실증 연구들이 탄탄히 뒷받침될 때 비로소 우리는 기술이 친구인지 적인지, 아니면 그 외의 존재로 만들어지고 있는지 깊이 논할 수 있게 될 것이다.

QUESTION 16　의학

적과 함께
With the virus

이재갑
감염내과 전문의

Photo by Jason-Leung on Unsplash

오래된 만남

1918년. 스페인독감(A/H1N1)이 전 세계를 강타했다. 미국에서 시작된 이 바이러스는 1차 세계대전으로 초토화된 유럽에서 군인들의 이동과 더불어 퍼지면서 크게 유행했다. 당시 인구의 3분의 1에 해당하는 5억 명이 감염되었고 사망자는 5,000만 명에 달했다. 우리나라에서도 맹위를 떨쳤다. 1918년 《매일신보》 기사 내용으로 추정한 보고에 따르면 한국의 감염자는 전 인구의 40퍼센트인 700만 명, 사망자는 14만 명이었다.[1]

1968년 겨울. 홍콩에서 시작된 홍콩독감(A/H3N2)이 전 세계로 퍼지기 시작했다. 1957년부터 유행한 아시아독감 A형 인플루엔자 H2N2에서 헤마글루티닌이 H3로 변형되면서 새로운 유행을 일으킨 것이다. 사망자는 100만 명을 넘어섰다. 여기서 멈추지 않았다. 독감은 각 지역에 토착하여 겨울마다 유행하는 독감바이러스가 되었다. 지난 50여 년 동안 대륙마다, 국가마다 다양한 변이 바이러스로 출현했다.

2009년. 신종플루(A/H1N1)가 멕시코에서 시작되어 전 세계로 확산되었다. 우리나라에서는 확진환자가 76만 명 발생했다. 타미플루를 처방받은 사람은 500만 명, 사망자는 260명이었다. 2009년 11월부터 전 국민 대상 예방접종이 시행되면서 유행은 감소했으나, 이 신종플루 또한 토착하여 2~3년 주기로 겨울철마다 유행하고 있다.

그리고 2019년 12월 31일. 중국 우한에서 원인불명의 폐렴이 집단 발병했다. 이후 코로나바이러스에 의한 감염으로 확인, 중국 전역으로 확산되었다. 세계보건기구(WHO)는 이를 'COVID-19'이라 명명했다. 우리는 '코로나19'라 부르고 있다. 2020년 1월 20일에는 우리나라에서 첫 확진환자가 나왔다. 한국에 관광 온 우한 시민이었다. 이후 2월 18일 대구 종교집단에서 확진자가 나오면서 1차 유행이 시작, 8월에는 서울의 모 교회와 광화문 집회를 통하여 2차 유행이 발생했다. 11월 이후

[1] 천명선·양일석, "1918년 한국 내 인플루엔자 유행의 양상과 연구 현황", 《醫史學》, 16권 2호, 2007년, 177~191쪽.

지역사회 유행 확산으로 3차 유행이 시작, 하루 1,200여 명에 달하는 확진환자가 발생하였고 현재까지 그 여파가 이어지는 상황이다. 2021년 3월 7일 현재 전 세계 확진환자 수는 1억 1,000만 명, 사망자 수는 258만 명이고, 우리나라의 확진환자 수는 9만 2,471명, 사망자 수는 1,643명이다.

우리는 이미 바이러스와 함께 살고 있다.

상호 변이

이런 코로나19 위기에도 불구하고, 우리는 바이러스와 공존하는 삶에 놀랍도록 빠르게 적응했다. 이와 관련해 최근 감염학 분야에서 눈에 띄는 현상이 있다. 장염을 일으키는 바이러스의 유행이 감소한 것이다.❷ 보통 장염은 음식물 등을 통해 유행하기 때문에 바이러스가 쉽게 감소하지 않는다. 그런데 상황이 급변했다. 온 국민이 '손 위생'에 신경 쓰기 시작한 덕분이다.

우리나라 사람들의 생활습관 중 제일 아쉬운 점이 손 위생 습관이다. 민망한 말이지만, 2013년 질병관리청의 손 위생 통계에 따르면 화장실에서 용변을 본 후 손을 안 씻는 사람의 비율이 30퍼센트에 달했다. 여성 대부분은 손을 잘 씻지만 남성 응답자 다수가 손을 잘 씻지 않았다. 직업적 특성 때문에 화장실에 가면 사람들이 손을 잘 씻는지 무의식적으로 확인하게 되는데, 실제로 남자화장실에서 소변을 보고 손을 씻는 사람은 체감상 반이 안 된다. 의료계에서도 손 위생 준수는 감염 관리 영역에서 매우 중요한 과제다. 의료기관 인증평가 항목에 '의료진의 손 위생 수행률 90퍼센트 이상'이 필수로 들어가 있는 이유다.

감염내과 전문의로서 늘 바라던 바 중 하나가 시민들이 손 위생에 더욱 신경 쓰는 환경이 조성되어 손 위생 수행률이 향상되는 것이었다. 요즘은 손세정제가 다 떨어진 화장실을 찾기가 오히려 어려워졌다. 건물 출입구와 엘리베이터, 사무실에 알코올 성분 손위생제가 없는 곳이 없다. 코로나19 덕분(?)이다. 한편으로 씁쓸하지만, 한편으로 반갑기도 하다. 시민들이 바이러스와 공존하는 삶을 선택·실천하고 있다는 방증이기 때문이다.

호흡기 바이러스 생태계의 변화도 흥미롭다. 코로나19 유행 이후 모든 호흡기 바이러스의 활동이 바닥을 쳤다.❸ '마스크 착용'이 필수가 되면서 벌어진 일이다. 그나마 리노바이러스가 명맥을 유지했다. (리노바이러스는 주로 소아들 사이에서 유행한다. 어린이집과 유치원의 긴급돌봄 이후 60~70퍼센트의 아이들이 등원을 했기 때문이라는 분석도 있고, 리노바이러스가 호흡기로도 전파되지만 접촉을 통해서도 전파가 가능해서라는 분석도 있다.)

마스크의 이런 놀라운 위력을 의사나 과학자 누구도 예상하지 못했다. 통상적으로 마스크는 호흡기 감염 유증상자가 다른 사람에게 바이러스나 세균을 전파하는 것을 막기 위해 착용한다. 미국이나 유럽 국가는 대부분 상병(傷病) 휴가가 정착되어 있어서 '아프면 쉰다'가 기본 원칙이다. 아픈 사람이 마스크를 쓰고 직장 혹은 학교에 오는 것을 이상하게 생각하는 문화가 있었다. 우리나라에서도 호흡기 증상자가 마스크를 쓰는 일은 일반적이지 않았다. 의료계 차원에서 독감 유행 시기에 유(有)증상자에게 마스크 착용을 권장하는 캠페인을 여러 번 벌인 적이 있고, 최근 몇 년 동안 황사나 미세먼지로 호흡기 보호를 위한 마스크 착용이 일반화하고 있긴 했지만 말이다.

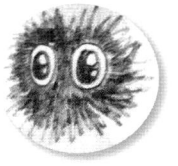

② 질병관리청, 〈감염병 표본감시 주간소식지〉, 2021년도 9주 차, 13쪽.

③ 위의 책, 4쪽.

코로나19로 마스크 착용 문화가 바뀌었다. 유증상자는 물론 무증상자도 마스크를 착용하는 것이 일상이 됐다. 코로나19의 경우 무증상감염자가 전체 감염자의 20퍼센트 내외인데, 우리나라처럼 접촉자 전수조사를 많이 하는 국가에서는 40퍼센트 정도가 증상이 없는 상태에서 확진 진단을 받는다. 무증상감염자의 경우 코로나19에 걸렸을 가능성을 감안하지 않고 행동하는 탓에, 전체 감염 중 40퍼센트가 무증상감염자를 통해 발생한다는 보고도 있다. 코로나19 상황에서는 무증상 상태의 전파 위험을 막기 위해 유증상자는 물론 무증상자도 마스크를 착용해야 한다. 연구 결과에 따르면 모두가 마스크를 착용했을 시 감염 확률이 95퍼센트까지 감소한다.

이런 상황인 만큼, 이제 사람들은 바이러스를 예방하기 위해 마스크의 불편함을 마다하지 않는다. 마스크를 안 쓰고 외출하는 것이 세수를 안 하고 외출하는 것보다 더 부자연스럽게 느껴질 정도다.

공존을 위한 준비

바이러스와의 공존에서 끝판왕은 백신이다. 코로나19 백신 개발 과정은 가히 과학적 혁신이라 할만하다. 감염병에 대한 백신이 만들어지려면 보통 5년에서 10년의 연구 기간이 소요되었다. 코로나 백신이 지금처럼 1년 정도의 기간에 개발되기까지, 그간 투자를 아끼지 않았던 선각자들과 끊임없이 연구에 힘을 다한 과학자들의 노고가 있었다. 2002년 사스, 2009년 신종플루, 2015년 에볼라를 거치면서 신종 감염병 대응에서 백신 개발의 중요성이 강조되었고, 백신의 개발 기간을 단축해야 한다는 요구가 거세졌다. 이후 2017년 다보스포럼에서 빌 게이츠가 세계감염병혁신연합(CEPI, Coalition for Epidemic Preparedness Innovations)을 구성하고, 신종 감염병 대응을 위하여 '백신 플랫폼 기술'을 적극 후원했다. '플랫폼'은 백신 개발에서 그릇에 해당하는 것으로, 한 가지 감염병에 대한 백신 개발 시 플랫폼 형태로 개발하면 이후 신종 감염병이 유행할 때 새로운 바이러스를 그 플랫폼에 적용해 백신의 개발 기간을 단축할 수 있다.

     현재 코로나19 백신의 플랫폼은 아스트라제네카, 존슨앤존슨(얀센) 등이 활용하고 있는 바이러스벡터백신, 화이자와 모더나가 이용하고 있는 mRNA백신, 노바백스, SK바이오사이언스의 합성단백질 백신 등이 있다. 각각의 플랫폼들은 이미 에볼라나 뎅기열, 일본뇌염, 암 등을 치료하는 데 활용되었고, 안전성 또한 충분히 검증되었다. 코로나19 백신들은 이런 플랫폼들을 바탕으로 개발이 진행되어, 3만~6만 명 대상의 임상 연구를 거친 후 출시되었다. 플랫폼 기술 덕에 여러 가지의 백신 개발이 가능해졌고, 행여 한두 백신이 개발에 실패하더라도 성공한 백신으로 전 세계 사람들이 접종받을 수 있게 됐다. 현재 3억 명이 넘는 사람들이 백신 접종을 받았으며, 접종 속도 또한 빨라지고 있다.

　　　　백신 접종은 공존과 어떤 관계일까? 백신의 효과와 관련해서 많은 사람들이 감염 예방 측면만을 주로 이야기한다. 임상시험 결과가 발표되면 예방 효과가 몇 퍼센트인지부터 확인한다. 물론 감염 예방 효과도 중요하지만 백신에는 더 중요한 효과가 있다. 감염병에 걸렸더라도 이후 기대되는 효과, 곧 입원할 정도로 악화되는 것을 예방하는 효과, 중증으로 진행되는 것을 예방하는 효과, 사망에까지 이르는 것을 예방하는 효과다. 특히 고령층이나 만성질환이 있는 사람들에게 백신이 질병을 완전히 막을 정도의 방어 효과를 나타내기는 어려울 수 있지만 중증이나 사망을 예방하는 효과는 낼 수 있어 피해를 최소화할 수 있다.

적당한 거리의 공생

코로나19는 종식될 수 있을까? 전 세계 상황을 보면 2002~2003년 때의 사스처럼 사라지는 일은 없을 것 같다. 다만 우리가 2009년에 그렇게 공포를 느끼던 신종플루도 백신이 개발된 후 대수롭지 않게 된 것처럼, 코로나19도 백신 접종자가 늘어나고 중증 감염자와 사망자가 감소하면서 유행이 안정되면, 몇 년 후에는 매년 겨울 유행하는 독감 정도로 인식될 것이다. 그때가 되면 사람들은 코로나19에 대한 두려움이 없이 '심리적 종식'을 만끽할 것이다. 코로나19의 심리적 종식을 위해서라도 시민들은 백신 접종에 동참해야 한다.

'모든 사람을 친구로 만들 수는 없더라도 적으로는 만들지 말자.' 나의 좌우명이다. 바이러스와 살아갈 수밖에 없는 세상이다. 바이러스를 적으로 여겨 끝까지 퇴치하기 위해 노력할 수도 있겠다. 그러나 바이러스는 지금껏 우리와 같이 살아왔고, 앞으로도 어떤 형태로든 우리에게 찾아올 것이다. 친구가 될 수도, 완전히 물리칠 수도 없으니, 피해를 최소화하는 정도에서 공존하는 수밖에 없다. 코로나19가 지금처럼은 두렵지 않은 심리적 종식의 때를, 독자들과 함께 기다린다.

적을 만드는 말,
친구를 만드는 말
Communication skills
for fellowship

박소연
작가

QUESTION 17
실용

'우리가 남이가?' 이 문장을 대변하는 사회심리학 용어로 인그룹(ingroup), 아웃그룹(outgroup)이 있다. 쉽게 말해 '우리 편'은 인그룹, 남의 편은 아웃그룹이다. 사회적 관계를 다양하게 맺고 있는 우리는 다른 사람을 여러 카테고리에 넣고 산다. 가족, 동창, 거래처 파트너, 상사, 동료처럼 역할에 따라 구분하기도 하고, 차가운 사람, 속을 알 수 없는 사람, 예전에 신세를 진 적이 있는 사람, 조심해야 할 사람 등 가치 판단에 따라 구분하기도 한다. 그런데 복잡하게 얽힌 여러 카테고리를 아우르는 상위 질문이 있다. '그 사람은 나의 편인가, 남의 편인가?'

얼핏 차별과 편향으로 보이지만 누가 우리 편인지 판단하는 것은 생존하는 데 필수적인 능력이다. 갓난아기조차 호의를 가진 사람을 기가 막히게 알아본다. 자라면서도 "모르는 사람 따라가면 안 돼"라는, 아웃그룹을 경계하는 법을 충실히 배운다. 이 경향은 본능과 학습을 통해 이중으로 깊이 자리 잡기에 웬만해서는 변하지 않는다.

특히 일로 만난 관계에서는 더욱 그렇다. 일하는 사람이라면 다양한 사람들을 끊임없이 만나게 된다. 몇 년에 걸친 관계도 있지만 명함만 주고받고 몇 분 동안만 이어지는 관계도 많다. 그러다 보니 편향과 선입관이 어느 관계보다 강력하게 작용한다. 빠르게 판단해서 태도를 정하지 않으면 뇌가 과도한 에너지를 써야 하니 말이다. 오랫동안 깊이를 두고, 마음을 열고 사귀는 게 아니므로 한번 편향이 생기면 바꾸기가 어렵다.

무례한 말투로 우리를 회의석상에서 공격하던 사람은 경계해야 할 대상이 된다. 물론 그 사람이 따뜻한 품성의 소유자이고, 우리에게 깊은 존경심을 품고 있을 확률이 희박하게 있긴 하다. 그러니 최소한의 에너지로 빠르게 판단해야 하는 우리로서는 그 사람을 조용히 '남의 편' 카테고리에 집어넣고 경계하는 게 현명하다. 일단 그 카테고리로 들여놓으면 해석도 달라진다. 친절한 말투, 업무에 관한 조언, 건네준 음료수조차 무슨 의도일지 경계하며 반응하게 된다.

사회적 학습에 따라 우리는 인그룹에게는 신뢰감과 공감을, 아웃그룹에게는 경계심을 보이고, 이를 일터에서도 성실하게 반영한다. 그러니 상대방과 좋은 관계를 맺으려면 우리가 인그룹, 즉 같은 편이라는 인식을 주는 게 관건이다. 이때 가장 중요한 역할을 하는 것이 무엇일까. 바로 커뮤니케이션, 그중에서도 '말'이다. 상대방을 해석하는 데 가장 확실하고, 일관적이며 직접적인 도구이기 때문이다. 일의 공간에서는 '말'이 적을 만들기도 하고, 친구를 만들기도 한다.

이기려고 하면 이기지 못한다

일터에서 적을 확실하게 만들고 싶다면 토론의 언어로 상대방에게 말하면 된다. 시도해보면 효과가 얼마나 보장되는지 알 수 있을 것이다. 토론에서는 자신의 주장이 옳다는 걸 증명하기 위해 상대방 주장의 허점을 찾는다. 상대방이 허점투성이라는 걸 세련되게 증명할수록 승리의 여신은 우리에게 미소 짓는다. 상대방은 패배를 인정하며 우리에게 경의를 표하고, 토론을 지켜보는 사람들이 우리에게 감탄하는 것이 이상적인 결말이다.

그러나 일의 언어는 토론의 언어와 다르다. 상대방을 명백한 패자로 만든다고 우리가 승자가 되지 않는다. 모욕감을 느낀 상대방은 순순히 협조하지 않을 뿐 아니라, 어떤 형태로든 복수를 노릴 것이기 때문이다. 토론의 언어를 구사한 순간 상대방은 우리를 남의 편이라고 지정할 것이고, 앞으로는 우리에게 줄 수 있는 패 중 가장 나쁜 패를 줄 것이다. 잠깐의 우쭐거림의 대가는 고스란히 우리에게 손해로 돌아온다.

다음은 일터에서 자주 일어나는 상황이다. 조직에 가용 예산 1억 원이 생겼는데 마케팅팀과 생산팀이 서로 써야 한다고 주장하는 경우다.

마케팅팀: 신제품 홍보에 1억 원을 써야 합니다.
생산팀: 온라인 플랫폼 시스템 개선에 써야 합니다.

생산팀이 토론의 언어를 충실히 따른다면 어떨까? 먼저, 온라인 플랫폼 시스템 개선이 왜 중요한지를 이야기한 후, 마케팅팀의 신제품 홍보 예산을 늘리는 것이 왜 쓸데없는지를 조목조목 공격하면 된다. 최근 마케팅팀의 망한 프로젝트나 비용 낭비 사례, 절반도 안 되는 예산으로 우리보다 훨씬 홍보를 잘하는 동종 업계와 비교하는 것이다.

> 생산팀: 마케팅팀 예산은 지금도 충분합니다. 게다가 최근 실적을 보면 예산 대비 효과도 의심스럽고요. 예를 들면….

축하한다. 방금 마케팅팀을 완벽히 적으로 돌렸다. 설사 이번 1억 원을 가져갈 수 있을지는 몰라도 앞으로 마케팅팀은 생산팀에 협조하지 않을 것이다. 그리고 생산팀 팀장이 곤경에 처한다면 '예전부터 그 사람은 업무 능력이 매끄럽지 못했다' 같은 부류의 공격을 제일 먼저 할 것이다.

서로의 이해가 충돌되는 상황에서 내 편으로 끌어들이려면 어떻게 해야 할까. 먼저 상대방의 입장을 충분히 공감한다는 표시를 해야 한다. 그러고는 우리가 같은 편임을 강조한다. 공동의 목표를 보여주면서 왜 그것이 우리에게 도움이 되는지를 설득하는 것이다. '네가 틀리고 내가 맞다'가 아니라 '이 제안이 너와 나 모두에게 더 최선이다'라고 말하는 게 훨씬 효과적인 법이다.

> 생산팀: 마케팅팀의 입장도 충분히 이해합니다(상대방 긍정). 하지만 설비의 노후화로 불량률이 올라가고 있습니다(생산팀 이유). 회사의 불량률이 올라갈 때 마케팅팀에서 가장 중요하게 생각하시는 소비자 신뢰가 얼마나 떨어지는지 저희보다 잘 알고 계시지 않습니까(상대방의 이유 ①). 우리 마케팅팀이 부족한 예산 속에서도 열심히 뛰어주시는 걸 잘 알지만, 생산 쪽에서 제품 불량이 생기면 마케팅팀 노력도 반감됩니다(상대방의 이유 ②). 그러니 이번 예산으로는 설비 교체를 하는 게 적합하다고 생각합니다(주장).

사실과 평가는 다르다

기업, 특히 IT 기업이나 스타트업에서는 구글, 넷플릭스 같은 실리콘밸리의 조직문화를 좇기 위해서 '솔직함'을 정착시키려고 노력하고 있다. 의견을 거침없이 얘기하는 문화가 조직을 먹여 살릴 새로운 아이디어를 만들고, 동료와의 관계도 매끄럽게 할 뿐 아니라 젊은 핵심 인재들을 끌어들일 수 있다는 판단 때문이다. 그래서 자유롭게 말하는 걸 장려하고, 피드백 시간을 제도화해서 '솔직함' 지수를 높이려고 애쓰고 있다.

문제는 우리가 공적인 관계에서 '솔직하게 말하는 것'의 경험치가 현저하게 낮다는 것이다. MZ세대라고 불리는 젊은 세대라고 해서 다르지 않다. 지금도 초등학교 저학년을 제외하고는 교실에서 입을 꾹 다물도록 훈련받고 있다. 대학교도 사정이 다르지 않아서 강의실에서 솔직하게 의문을 표하거나 반대 의견을 표현하는 학생은 주변의 놀란 시선을 받는다. 기껏해야 메일로 조심스럽게 말하거나 블라인드 게시판에 불만스러운 욕을 올릴 뿐이다.

공적인 관계에서 솔직하게 말하는 경험을 올바르게 배워보지 못한 사람들은 일로 만난 관계에서 솔직하게 말해야 할 때 당황한다. 제대로 된 비교군이 없으니 말이다. 그러다 보니 사적인 관계, 특히 가족이나 친한 친구들에게 적용하는 방식을 꺼내 든다. 마음속에 있는 생각을 그대로 말하는 것이다. 한국 특유의 지적까지 포함해서 말이다.

다음은 사람들이 솔직한 피드백이라고 착각하는 문장이다.

"최 매니저님이 보내주신 디자인 시안이 너무 올드합니다. 우리 회사의 기본적인 니즈에 관해 고민조차 안 해보신 것 같네요."

저런. 이건 솔직한 게 아니라 무례한 것이다. 이런 지적을 하면 발끈하는 사람들이 있다. 분명히 사실만 얘기했다는 것이다. 디자인 시안이 3년 전에나 유행하던 것이고, 우리 회사의 올해

QUESTION 17

싫음 적을 만드는 말, 친구를 만드는 말

박소연(작가)

MECHANISM

콘셉트는 미니멀인데, 화려한 레트로 스타일을 가져온 걸 보면 기초 조사조차 안 한 것이 맞지 않냐는 것이다. 욕한 것도 아니고, 솔직하게 사실만 말한 것이라 문제가 없다는 태도다.

   그렇지 않다. 지금 사실이라고 주장하는 것들은 정확히는 사실(fact)이 아니라 평가(evaluation)다. 첫 번째, '3년 전 디자인이 올드하다'는 것은 사실이 아니다. 말하는 사람의 생각과 평가일 뿐이다. 최근에 몇십 년 전의 패션과 굿즈가 유행하는 것은 어떻게 설명하겠는가. 때에 따라서는 30년 된 것이 가장 트렌디할 수 있다. 둘째, '회사의 기본적인 니즈를 고민조차 안 해본 것 같다'는 것은 그야말로 사실이 아니라 판단에 불과하다. 깊은 고민 끝에 디자이너는 조직의 메인 디자인이 미니멀 타입이나, 이번처럼 단발성 프로젝트의 경우는 화려한 레트로 방식이 단조로움을 없앨 수 있다는 결론을 내렸을 수도 있다. 결국 공정한 척하며 사실을 말하는 것처럼 보이지만 개인적 평가, 특히 깎아내리려는 평가가 가득한 피드백일 뿐이라 상대방은 반감을 품게 된다.

   일하는 사람이라면 피드백과 지적을 하는 경우가 많이 있다. 이때 적을 만드는 경우는 대부분 솔직함을 핑계로 판단을 사실처럼 말하는 것이다. 위의 사례에서 정확한 사실은 '우리 회사의 올해 콘셉트는 미니멀이니, 이런 레트로 방식이 아니라 미니멀한 디자인으로 다시 보내주셔야 한다'밖에 없다. 그러면 듣는 사람도 정확한 정보를 전달받은 것이기 때문에 기꺼운 마음으로 협조한다. 반면 자신을 디자인에 올드한 감각을 지닌 사람, 회사의 기본 니즈조차 고민해보지 않는 사람으로 공격하는 사람에게는 당연하게 반감을 품을 것이다.

   솔직한 피드백과 지적 자체는 잘못이 없다. 겁을 먹을 필요가 없다. 만약 기존에 피드백과 지적 과정에서 불쾌하거나 불편한 경험을 겪었다면 그건 솔직한 피드백 때문이 아니다. 사실과 평가를 뒤섞어서 말했기 때문이다. 사실을 중심으로 솔직하게 말한다면, 그리고 상대방의 업무나 성장을 도와주려는 태도로 말한다면, 설사 불편한 사실을 말하더라도 상대방은 기꺼운 마음으로 받아들일 것이고 여전히 내 편이 된다.

마음을 표현할 때 불순물은 필요 없다

일하는 관계도 역시 마음을 먹고 자란다. 서로의 마음을 표현하는 여러 가지 방식이 있지만, 그중에서 가장 큰 역할을 하는 것이 '칭찬'과 '사과'다. 이걸 제대로 구사하지 못하면 좋았던 관계도 회복하기 어려운 상황으로 바뀐다. 그런데 칭찬하면서도 상대방을 불쾌하게 하고, 사과했지만 상대방을 더욱 화가 나게 만드는 나쁜 습관이 있다. 바로 마음을 표현할 때 불순물을 섞는 것이다.

"이번 프로젝트 고생했어. 역시 여자라서 잘하네. 나는 그쪽으로는 영 약하더라고."

이것이 칭찬일까. 노력한 결과가 아니라 상대방이 특정 카테고리에 속해 있어서 잘했다는 말은 칭찬이 아니다. 게다가 상대방이 자신보다 뛰어난 건 노력과 특성에 의해서가 아니라 '특유의 특성' 때문이라고 은근히 깎아내리고 있다.

칭찬할 때는 성별, 나이, 인종, 지역 같은 고정 변수가 아니라 상대방의 노력과 투자를 칭찬하자. 계약을 따내기 위해 클라이언트 사업 구조를 꼼꼼히 공부한 것, 깔끔한 논리로 설득 자료를 만든 것, 취향에 맞춘 식당을 예약한 것 등과 같은 노력을 칭찬하고 감사를 표현하는 것이다. 불순물 없이 순수하게 감탄하고 인정하는 사람은 앞으로도 함께 일하고 싶은 동료가 된다. 오랫동안 함께 갈 '내 편' 카테고리에 들어가는 것이다.

사과도 마찬가지다. 불순물이 들어가면 안 된다. 다른 부서에 보내주기로 한 매출 현황 보고서를 깜빡한 상황에서 이런 식으로 말하는 사람들이 있다.

"무슨 보고서? 아… 그거! 미안, 완전히 잊어버리고 있었네. 월요일에 메일이라도 한번 주지 그랬어(네가 월요일에 확인 메일을 보냈으면 이런 일이 없잖아)."

사과는 100퍼센트로 하는 것이다. 불순물을 섞으면 커피 한 잔 사는 것으로 넘어갈 작은 실수도 불쾌한 경험으로 남는다. 자기가 잘못했을 때 오히려 우리를 같이 끌어내릴 사람이라면 당연히 경계할 대상이다. 믿을 수 없는 사람, 조심해야 할 사람으로 조용히 분류하게 된다. 고작 한 번의 깜빡함과 한 번의 말실수로 치르는 대가치고는 크지 않을까.

'같은 편'의 언어로 내 편 늘리기

사람들은 일하는 공간에서 누가 나의 편이고 남의 편인지 탐색하고 빠르게 구분한다. 이 과정에서 '말'은 중요한 판단 근거가 된다. 말을 제대로 사용하면 아끼는 사람을 내 편으로 만들 수 있고, 갈등 관계에서도 적을 만들지 않을 수 있다. '같은 편'의 언어를 연습하고 의식적으로 사용하길 응원한다. 그래야 일하는 시간과 공간이 조금 더 나아지지 않겠는가. 온종일 일하는 공간에 남의 편만 가득 있는 건 스트레스 받는 일이다.

관계의 가성비를 높이는 가성비 와인들

작성 : 편집부   자문 : 이마트 와인바이어 명용진·고아라   협찬 : 이마트

①
반짝거리는 옅은 금색과 심플한 레이블이 첫눈을 끈다. 풋풋하고 청량감 있는 풍미, 허브 향이 매력적이다. 포도 품종은 감귤류의 시원한 향을 자랑하는 소비뇽 블랑. 뉴질랜드 말보로 지역 남동쪽에 자리한 아와테레 계곡에서 수확, 낮은 온도에서 발효해 품종 특유의 신선하고 생생한 느낌을 십분 살렸다.

②
잘 숙성된 떫은맛과 쓴맛이 입 안을 부드럽게 채운다. 포도 품종은 재배 조건이 까다로운 피노누아. 품종 원산지인 부르고뉴 지방과 지형, 지질, 기후 등이 유사한 미국 오리곤에서 재배, 부르고뉴식 오크통에서 15개월간 숙성했다. 모토는 "프랑스 부르고뉴의 혼, 미국 오리곤의 흙". 체리, 블랙베리 향과 우아하게 숙성된 탄닌의 부드러운 맛이 매력적이다.

③
떫은맛, 쓴맛, 신맛이 안정감 있게 어우러져 단단한 느낌을 준다. 산지는 이탈리아 마르케. 지중해 특유의 풍부한 일조량, 시원한 밤 기운, 천혜의 자연 환경과 강한 땅 기운의 수혜를 입었다. 와인의 이름인 '비고르(Vigor)'는 이탈리아어로 '힘'을, 품종 중 하나인 산지오베제는 '주피터의 피'를 의미한다. 맛의 질감이 묵직한 편. 체리의 신선함, 견고한 바디감, 적절한 산도감이 조화롭다.

④
식전주, 웰컴주로 한 잔 가볍게 즐기기 좋다. 신선한 과일향, 갓 구운 빵 내음, 강한 산도감이 균형감 있게 어우러져 식욕을 돋운다. 산지는 프랑스 샹파뉴. '샴페인'은 오직 이곳에서 제조된 스파클링와인에만 붙일 수 있는 고유명사. 식후 달달한 디저트와 곁들여 마시기에도 좋다. 밝은 노란색, 사과와 감귤류의 뉘앙스가 생생하다.

⑤
레이블에 적힌 한글 문구 '무너뜨릴 벽은 많다'가 인상적인 와인. '베를린 장벽은 무너졌지만 세상에는 무너져야 할 장벽들이 여전히 존재한다'는 의미가 담겼다. 전 분단국 독일, 현 분단국 한국의 평화를 염원하며 양국에서 동시 출시됐다. 산도와 당도의 균형감을 자랑하는 리슬링 품종 와인답게 레몬과 초록사과의 상큼함, 기분 좋은 잔당감을 두루 즐길 수 있다.

⑥
진한 보랏빛, 묵직한 향이 농밀한 느낌을 준다. 포도 품종은 호주 와인 하면 떠오르는 쉬라즈. 세계 최고의 쉬라즈 생산지인 바로사에서 생산, 파워풀한 느낌을 주는 호주 대표 와인이다. 과즙양이 많고 강한 단맛을 기본으로 하고 있어서, 간이 센 음식을 선호하는 편인 한국인의 입맛과 특히 잘 맞는다. 육류나 양식, 양념이 많이 들어간 한식과 함께하면도 좋다.

*이 와인들은 매년 상반기와 하반기에 열리는 이마트 와인장터에서 더 가성비 높게 구매할 수 있다.

① Fresh
아와테레 소비뇽 블랑
Awatere Sauvignon Blanc

- 종류 · 화이트와인
- 산지 · 말보로(뉴질랜드)
- 포도 품종 · 소비뇽 블랑
- 가격대 · 1만 원대
- 맞춤 음식 · 샐러드, 신선한 해산물, 생선 요리
- 맞춤 상황 · 대학교 첫 학기, 첫 동아리 모임에서. 모두가 어설프고 풋풋한 처음, 생생한 허브 향이 코끝에 닿는 순간 설렘이 배가된다. 차갑게 하여 봄철 모임에서 가볍게 마시기 좋다.

당도 ●●○○○   산도 ●●●●○   바디감 ●●○○○

② Essence
도멘 드루앵, 던디 힐 피노누아
Domaine Drouhin, Dundee Hill Pinot Noir

- 종류 · 레드와인
- 산지 · 오리곤(미국)
- 품종 · 피노누아
- 가격 · 4만 원대
- 맞춤 음식 · 육류 요리, 치즈
- 맞춤 상황 · 실제로는 처음 만난 랜선 친구와. 온라인에서 오프라인으로 장소는 바뀌었지만 함께 쌓아온 시간은 그대로. 관계의 본질은 쉽게 휘발하지 않는다 믿으며 잔을 기울여보자. 고가격대 피노누아 와인을 비교적 저렴하게 즐길 수 있는 것은 덤.

당도 ●○○○○   산도 ●●●●○   바디감 ●●●●○

③ Ground
우마니 론끼, 비고르
Umani Ronchi, Vigor

- 종류 · 레드와인
- 산지 · 마르케(이탈리아)
- 품종 · 블렌딩(산지오베제 + 메를로)
- 가격 · 2만 원대
- 맞춤 음식 · 파스타, 피자, 스파게티
- 맞춤 상황 · 서로 안 지 오래됐지만 독대한 적은 없는 친구의 친구와. 공통의 지인 얘기, 누구나 들어봤음직한 가십거리를 바탕으로 천천히 관계를 다져보자. 'BTS 멤버 정국이 마셔서 유명세를 탄 와인이 바로 이것' 같은 얘기 말이다. 예상 외로 공감대가 금방 형성될지 모른다.

당도 ●○○○○   산도 ●●●○○   바디감 ●●●●○

④ Comfort
샴페인 그루에 셀렉션 브뤼
Champagne Gruet Selection Brut

- 종류 · 스파클링와인
- 산지 · 샹파뉴(프랑스)
- 품종 · 블렌딩(피노누아, 샤르도네, 피노뫼니에)
- 가격 · 2만 원대
- 맞춤 음식 · 디저트, 부드러운 치즈, 해산물
- 맞춤 상황 · 새로 이직해온 직장 후배와. 바뀐 환경에 따른 긴장감을 샴페인 한 병으로 풀어주고 환영의 메시지도 전달해보자. 마음이 편해져야 관계도 자연스러워질 수 있다. 흔들어서 터뜨리지 않고 조용하게 오픈하면 선배로서의 센스도 보여줄 수 있겠다.

당도 ●○○○○   산도 ●●●●○   바디감 ●●●●●

⑤ Melt
베를린 리슬링
Berlin Riesling

- 종류 · 화이트와인
- 산지 · 모젤(독일)
- 품종 · 리슬링
- 가격 · 1만 원대
- 맞춤 음식 · 치킨
- 맞춤 상황 · 늘 까칠한 직장 사수와. 경계심과 마음의 벽을 누그러뜨리는 데는 가볍고 달콤한 리슬링 와인이 제격이다. 곁들여 먹기 좋은 음식도 마침 누구에게나 부담 없는 국민야식 치킨. 와인-치킨 페어링 대회에서 대상을 수상했다.

⑥ Common
피터르만 더 바로산 쉬라즈 NV
Peter Lehmann The Barossan Shiraz NV

- 종류 · 레드와인
- 산지 · 바로사(호주)
- 품종 · 쉬라즈
- 가격 · 1만 원대
- 맞춤 음식 · 모든 육류, 한국 음식
- 맞춤 상황 · 장인어른 혹은 시어머니와. 연세가 좀 있거나 와인에 친숙하지 않은 분들의 경우 강렬하고 무거운 질감의 쉬라즈나 까베르네소비뇽 품종 와인을 선호하는 경향이 있다. 가격, 품질, 음식과의 어울림을 따져볼 때 누구나와 부담 없이 함께하기 좋다. 실패 확률이 낮은 편.

어색한 사이엔 술이나 술술

Essay

양조장 투어 중이었던 이 질문은 누군가에게 이 질문을 던지기 위한 자리일 지도 모른다.

술이 좋은 이유에 대해 묻는다면 여러 가지가 있겠지만, 상식적으로 가장 좋은 건 술을 마시고 싶은 날 먹을 사람이 있다는 것일 것이다.

좋은 사람과 좋은 시간을 해서 마시는 술은 더 맛있고, 좋은 이야기를 나누게 되며, 서로의 관계도 더 돈독해진다. 이날 나는 18년간 알고 지낸 사람들과 술을 마시고 있었고, 술을 마시지 않는 사람도 있어서 평소보다는 말을 좀 덜 해야 했다.

양조장 투어를 마치고 이 지역의 유명한 펍에 들렀다. 평소보다 말을 덜 해서 그랬을지, 기분이 좋아서 그랬을지. 또는 둘 다였을지도 모르지만, 기분 좋게 한두 잔을 마시고 나니 이야기가 술술 나오기 시작했다. 취기가 올라서인지 서로의 선을 덜 의식하게 되어서 그랬던 것 같기도 하다. 그래서 평소에 쉽게 잘 하지 못했던 이야기를 꺼낼 수 있었고, 그 이야기를 듣기 전이라면 몰랐을 서로의 진심을 알 수 있었다.

마시면 진심이 나온다는 말이 있다. 나도 매번 곡 그런 건 아니지만 술을 마시면 평소보다 조금 더 솔직해지는 경향이 있다. 정말 친한 사이가 아니라면 잘 말하지 못했을 깊은 이야기도 술을 마시면 자연스럽게 흘러 나오기도 하고, 그 사람의 숨겨졌던 성격이 나오기도 한다. 가장 안 좋은 경우로 이야기를 할 수도 있겠지만, 그 사람과 관계를 잘 이어갈 수 있다면 평소 친한 사이에서는 꺼낼 수 없는 진심들도 꺼내고, 서로 몰랐던 감정이나 약한 모습을 마주할 수 있다. 나도 그런 식으로 이번 여행에서 생일 전 약한 사람이 있었고, 서로의 관계를 한 단계 더 깊게 만드는 좋은 기회였다.

사실 나는 그 사람들의 이야기를 평소에는 잘 들어볼 수 없었다. 가장 친한 친구들은 내가 듣지 않아도 술술 이야기를 꺼내고는 하지만, 그 정도로 친하지는 않은 사람들 사이에서는 진심을 듣기가 어려웠다. 그 진심을 듣지 못하고 관계가 끝나는 사이들도 있다. 그 사람이 좋은 사람인지 나쁜 사람인지 알기도 전에. 그러니 술이 얼마나 좋은가. '술자리를 같이 할 수 있는 사람', '술을 마실 수 있는 사람' 중의 하나가 되어 그 사람의 진심을 들을 수 있다니. 물론 알고 싶지 않은 진심도 있을 수는 있겠지만. 가끔은 무서운 진짜 속마음이 있을 수도 있다.

미래(굉장자가)

그러나 과거의 나를 만진 결과 같이, 이런 좋아지이 나는 항상 가족이 원하는 강에 살지 못 한다. 평생 강등 남르지도 못 하고, 체력, 정신 전 강등으로 상대하고 싶은 사람이 점점 더 좋아지고 있다. 마시는 자녀 아이라이져 좋은 쪽으로 성숙하지 않고 있다. (이렇게 말하고는 있지만, 지금이 좋을 때라. 앞으로 또 다른 곤궁함이 찾아 있을지 모르겠다.) 들등은 마시지 않는 자녀 못 가려서 돌아가고 싶다고 하지만, 전기가 들어 올 때에도 많이 꺼내 듣고 입니. 그런데 술이 있어야 진심을 꺼낼 수 있는, 진심을 꺼내기 불편한 사이라는 것이다 달라기도 하고, 그렇게까지 진심을 꺼내지 않아도 된다는 점에서 어쩌면 술을 꺼내는 어느 마시지 않고 평소의 모습 대로 친밀한 관계가 되는 것이 좋지 않았을까 생각이 든다. 꺼내기 어려운 진심을 꺼내게 해주는 술이라... 좋은 것인가? 이 친구야.

'솔직함', '마시면 기분 좋은 것'이 술의 장점이라면 특히 좋은 것 같기도 하다. 그리고 이 글을 읽고 있는 사람이 모두 내가 술을 마시고 싶어 하는 사람이라면 좋을 것 같다. 나는 아니라고 해도 슬프게 물을 필요는 없지만. 왜냐하면 이 글을 읽고 있을 때쯤에는 아마 마시고 싶은 사람 목록에 여러분까지 포함되었을지도 모르기 때문이다.

멀지도 가깝지도 않게: 관계의 가성비를 높이는 법

Recommendation

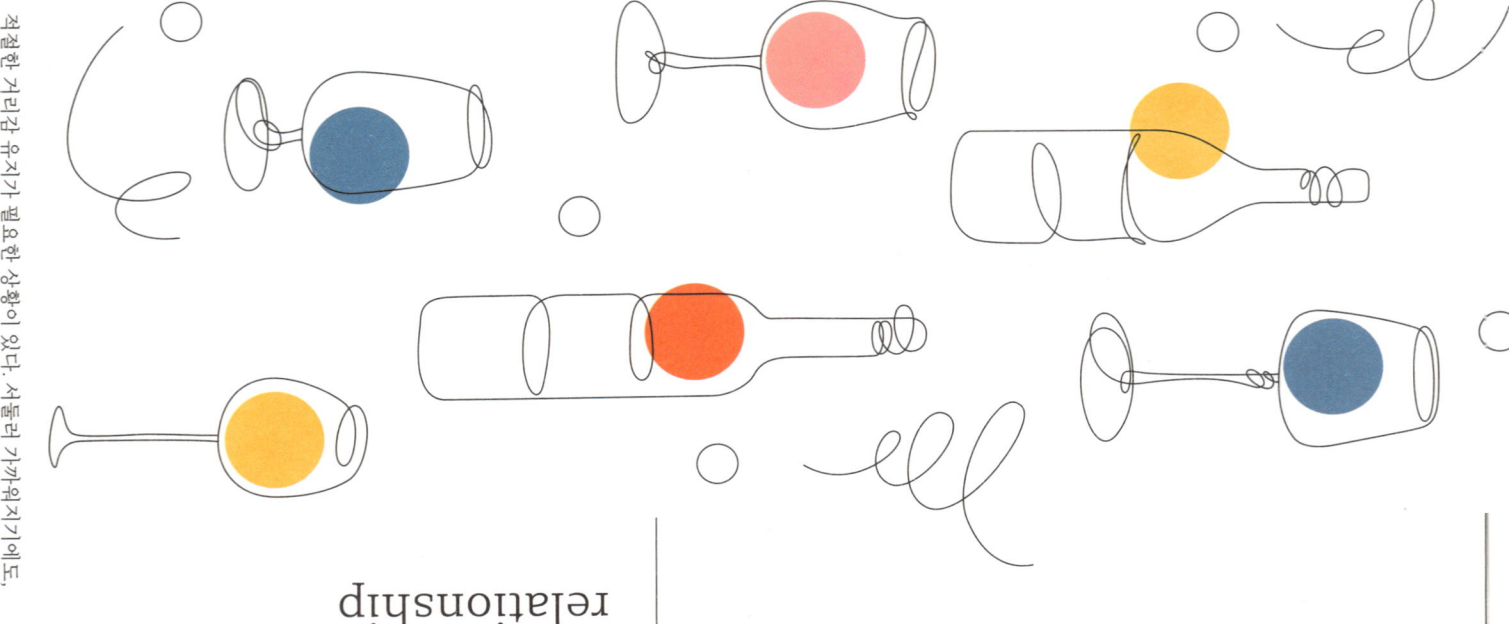

Not too far, not too close: Keeping the reasonable relationship

적절한 거리감 유지가 필요한 상황이 있다. 서로의 가까워지기에도, 단절히 멀어지기에도 애매한 사람과 함께 시간을 보내야 할 때가 그렇다. 편히 마음을 털어놓는 건 아직 부담스럽고 맨숭 대화만 주고받는 건 왠지 아쉬운 순간. '솔직도시지대'의 애매한 술자리를 경험담을 털어보고, 부담 없이 함께 하기 좋고 이야깃거리도 갖춘 가성비 와인 여섯 종을 소개한다.

QUESTION 18

문화 멀지도 가깝지도 않게 : 관계의 가성비가 필요할 때

미깡(웹툰작가) × 편집부

MECHANISM

SECTION 5 / INNER SIDE

영혼의 연좌제 : 적과 친구라는 카르마
내 안의 나, 에고와 공존하는 방법

영성
명상

박진여(전생 리딩 상담가)
정민(명상 멘토)

영혼의 연좌제 :
적과 친구라는 카르마

About Karma

QUESTION 19

없음

박진여
전생 리딩 상담가

어느 날 노년의 여성이 나를 찾아왔습니다. 원인을 알 수 없는 정신
불안증과 공황장애로 평생을 고통받았다 했습니다. 전생 리딩을
하니 중세 시대 마녀재판관으로 살았던 생이 보였습니다. 그때
생에서 '그'는 눈빛이 사납고 정력이 넘치는 젊은 신부였는데, 로마
교황이 각 지역으로 파견한 마녀재판관 역할을 맡고 있었습니다.
지금 그녀가 경험하고 있는 정신적 상태는 그때 마녀재판의
희생양이었던 여인들의 처절한 정신적 고통과 관련이 있다고 리딩은
말했습니다. 피해자들의 경험을 현생에서 본인이 직접 경험함으로써
카르마를 정화시키고 있다고 했습니다.

그 여성이 가진 불안증은, 그녀의 아들이 뺑소니 교통사고로
오랫동안 병원에서 고통스러운 시간을 보내다가 사망한 사건과도
관련이 있어 보였습니다. 아들은 사고 후유증으로 온몸이 마비되어
심한 장애를 가지고 고통스러워했는데, 그런 일상을 옆에서
지켜봐야 했던 정신적 충격과 공포가 지금 그녀가 앓고 있는
불안장애와 무관하지 않았습니다. 리딩을 통해 본 아들의 전생은,
그녀가 마녀재판관으로 살았을 때 마녀를 색출하여 잡아다 준
정보원이었습니다. 그들은 서로의 이익을 위해 협력했던 동업자
관계였고, 그때 생에서 지은 카르마를 지금 삶의 경험을 통해서 갚고
있었던 것입니다. 자신이 가진 지위와 권력을 개인의 사리사욕을
채우는 목적으로 행사했으므로, 부도덕한 영적 행위에 대한 책임을
그렇게 청산하고 있다고 리딩은 말했습니다.

카르마의 법칙과 영혼의 연좌제

카르마는 '씨 뿌린 대로 거둔다'라는 의미로, 개인이 살아생전에
지은 부정적인 업을 다음 생에서 갚아야 한다는 균형의 법칙을
말합니다. 인류가 살아온 역사의 시간에서 사건의 가해자는,
개인이든 집단이든, 반드시 풀어야 할 숙제를 가지고 지구라는
영혼의 교실에서 다시 태어납니다. 가해자는 피해자가 되어 자신이
지은 카르마를 언젠가는 청산해야 한다는 것이 자연의 법칙(우주적
섭리)입니다. 어떤 사람이 뼈에 사무치는 원한과 원망을 가지고

죽었다고 합시다. 그 영혼이 가진 비통한 원망의 의식은 사라지지 않습니다. 부정적 의식은 입자로, 파동으로 우주 공간에 남아 있다가 시절의 인연에 따라 다시 태어나 복수(?)의 비극을 벌입니다. 자신이 가진 영혼의 치유를 위해 행동(?)한다는 것입니다. 물론 끝에 가서는 진정한 용서와 화해를 위한 마음을 얻는 것이 다시 태어남의 목적입니다.

그런데 이 논리를 더 큰 의미로 비약해서 전개하면, 어떤 국가나 민족이 지은 집단 범죄의 카르마가 심각한 것일 때, 그에 상응하는 시대적 배경과 시기가 되면 반드시 대가를 치르는 것을 연좌제적 카르마라 할 수 있습니다. 다르게 표현하면 '영혼의 연좌제'라고도 말할 수 있습니다.

연좌제[連(緣)坐制, implicative system]란 어떤 범죄인과 특정한 관계에 있는 사람에게 연대해서 책임을 지게 하고 처벌하는 제도를 말합니다. 고대로부터 동서양을 막론하고 범죄인과 관계가 있는 가족을 비롯하여 친척이나 친구까지 그 책임의 범위가 죄의 크기에 따라 적용되었던 제도입니다. 지금의 시대는 법적으로 연좌제가 폐지되어 모든 국민은 자기 행위가 아닌 친족의 행위로 인하여 불이익을 받지 않습니다.

인간 세상의 법칙과는 다르게, 윤회 환생의 영적 공간에서는 '영혼의 연좌제'가 유효합니다. 카르마가 어떤 국가나 집단에 의해서 이루어지고 그 상흔(傷痕)의 깊이가 너무 심각한 사건들이 있습니다. 그에 대한 인과응보(因果應報)는 그것을 바르게 교정하고 정화하기 위해 필요한 시대적 배경과 시기가 되면 세계적 사건으로 나타납니다. 리딩으로 살펴본 인류의 비극사 중에 바로 중세의 마녀사냥이 있습니다.

역사 속 편 가르기의 비극

기원 후 64년. 로마에 대화재가 일어났을 때, 무려 엿새 동안 화마가 로마의 화려한 유적들을 남김없이 불태웠습니다. 방화범이었던 네로 황제는 도시가 사라져가는 데 위기감을

느끼고 그리스도인들을 방화범으로 몰아갔습니다. 그 당시 로마는 다신교로 종교적 다양성을 가지고 있었는데, 유일신만을 고집하는 그리스도인들을 로마 시민들은 유독 미워하고 싫어했습니다. 그리스도인들은 여기저기서 폭행당하여 맞아 죽고 십자가에 매달려 산 채로 불태워졌습니다. 그런 로마의 엄청난 핍박에서도 그리스도인들은 순교와 신앙으로 서로 결집했고, 하나님의 백성이 된 것을 원망하지 않았습니다.

이후 312년 콘스탄티누스 황제가 동·서 로마를 통일하고 칙령으로 그리스도교를 공인하면서 유대 식민지 백성들이 믿는 종교는 세계 제국의 종교가 되었습니다. 노예의 종교는 황제가 믿는 종교가 되었습니다. 그런데 그때부터 문제가 일어났습니다. 아이러니하게도, 핍박에 대한 처절한 기억과 아픔을 가지고 있었던 그리스도인들이, 자신들이 받은 학대와 핍박보다 훨씬 심하게 인류를 고통 속으로 몰아간 것입니다.

2005년에 선종한 교황 요한 바오로 2세는 2000년에 열린 사순절 예배에서 지난 2000년 동안 가톨릭교회가 지은 죄를 인정하고 용서를 구하는 미사를 집전했습니다. 요한 바오로 2세는 그 자리에서 기독교인들이 무자비한 수단과 잔인하고 사악한 행동으로 교회의 명성을 더럽혔고, 또한 인류를 박해했다는 것을 진실의 입으로 고백하듯이 말했습니다. 그가 말한 과오 중에는 십자군원정과 중세 마녀재판, 홀로코스트 등이 있었습니다. 중세 마녀사냥은 1484년 로마의 교황 인노켄티우스 8세가 '긴급요청' 회칙을 통해 마녀가 있다고 발표하고 도미니크 수도회 성직자 두 명이 《마녀의 쇠망치》라는 마녀사냥의 지침서를 내면서 본격화되었습니다. 요즘 생각해보면 상식 이하를 넘어서 정말 어처구니없는 황당한 이유(얼굴이 예뻐도 마녀, 바늘을 찔러서 찡그리면 마녀 등)를 대면서 죄 없는 여성들을 마구 체포해 구금하고 자기들의 성적 이기심을 채우기 위한 도구로 사용했습니다.

중세에 벌어진 마녀사냥의 가해자였던 영혼들이 그 심각한 죄과를 갚기 위해 태어나야만 하는 생이 있다면, 언제 어떤 모습으로 태어나 그들의 카르마를 청산할 수 있을까요? 리딩으로 살펴본 여러 사례 중에는 다소 특이한 사건과 영적 현상들이 있습니다. 그중 도덕적 가치와 정의, 사회적 기준을 엄격하게 지켜야 하는 위치에 있는 사람들(성직자)의 카르마에서는, 하나의 부정적 행위를 정화하려면 그 수십 배의 대가를 지불해야 하는 경우가 있습니다. 또 리딩이 전하는 말 중에는 '비극은 비극을 낳고 그 비극을 통해서 치유된다'는 말이 있습니다. 일종의 동종요법(同種療法, homeopathy)이라고 이해하면 좋을 것 같습니다. 동종요법이란 인체에 질병 증상과 비슷한 증상을 유발해 치료하는 방법을 말합니다.

왜 카르마의 결과는 연이은 다음 생에 바로 나타나지 않고 몇 생 또는 세기를 뛰어넘어서 나타나는 것일까요? 이 의문에 대한 답은 몇 가지로 나누어서 설명될 수 있습니다. 그중 하나는 어떤 개인이나 단체 혹은 집단이 만들어낸 카르마는 그들이 만들어낸 카르마를 보상하기에 적당한 때와 시대를 기다려야 한다는 것입니다. 카르마의 성질에 따라 몇 세기를 지나야 가해자와 피해자가 서로의 처지나 위치를 바꾸어서 만나는 경우도 있습니다.

카르마의 법칙은 자연의 법칙과 같습니다. 미국의 사상가이자 시인인 랠프 월도 에머슨(Ralph Waldo Emerson)은 이렇게 말합니다. "만물은 영원히 존속하며 결코 죽지 않는다. 이것이 세상의 비밀이다. 만물은 시야에서 잠시 사라졌다가 다시 돌아올 뿐이다. 봄에 새싹들이 다시 돋아나듯이." 우주는 정직합니다. '우주는 그 속으로 던져진 그 어떤 것도 던져 넣어진 그대로 어김없이 되돌려줍니다.' 우리가 버린 쓰레기가 어떤 형태(공해, 기후 재앙, 지구온난화, 전염병 등)로든 되돌아오는 오늘날 현실에서 보듯이 말입니다.

다툼을 넘어 상생으로

요즈음 아동 학대에 대한 이야기가 사회적 이슈로 주목을 받고 있습니다. 학폭이나 미투 사건 등 지난 시절의 폭력과 학대의 피해자들이 가해자들로부터 보호받고 구원을 받는 정화(淨化)의

시대가 시작되었습니다. 잔인했던 가해자들이 사회적 분노에 힘입어
응징받고 있습니다. 자신이 지은 지난 시간의 잘못이, 사회적으로
성공한 가해자들의 인생에 치명적인 폭탄으로 되돌아온 것입니다.
이런 현상들도 카르마 법칙과 관련해 교훈적 의미를 갖습니다.
현대는 카르마의 시간이 너무 빨리 진행되고 있습니다. 이전에서는
카르마가 몇 생, 몇 세기를 뛰어넘어 멈추어져 있다가 나타나는
경우가 많았지만, 요즘의 사건에서는 한 생의 카르마가 그 생에서
바로 일어나는 경우를 많이 볼 수 있어 그 속도에 놀랄 때가
많습니다.

       이상의 이야기는 우리에게 어떤 메시지를 전하고 있을까요?
모든 것을 초월한 용서와 화해, 진정한 사랑으로 서로를 위하는
마음을 가지는 일입니다. 고대의 사람들은 신의 능력에 도전하기
위해 바벨탑을 만들었다고 합니다. 그래서 분노한 신들은 네 편,
내 편을 만들어 민족과 언어와 문화를 분리시켰다고 합니다. 서로
싸우게 하고 분노의 마음을 키우게 했다고 합니다. 그러나 우리는
하나입니다. 네 편, 내 편이 아니고 한편이 되어야 합니다. 지금
우리를 위협하고 있는 코로나19라는 전염병도 인류가 한편이 되어
합심하면 이겨낼 수 있습니다.

INNER SIDE

내 안의 나, 에고와 공존하는 방법
How to be at peace with myself

Question 20
명상

정민(명상 멘토)

Illustration by united-nations on Unsplash

우리는 언어를 익히기 무섭게 '이것'과 '저것'을 가르는 방법을 습득하기 시작합니다. 자신과 타인이 있고, 선과 악이 있고, 빛과 어둠이 있으며 높고 낮은 것, 예쁘고 못난 것이 있다고 배우며 세상 모든 것에 상반되는 관념을 만들어 입힙니다. 우리 마음의 한계를 만들어내는 언어를 익히기 시작하며 더 이상 어떤 것도 있는 그대로 보지 못하게 된다고 할 수 있습니다. 이를테면 이제 막 말을 하기 시작한 아이에게 맑은 날 하얀 구름이 떠다니는 하늘을 보여주며 '이게 바로 예쁜 하늘이야'라고 알려주고 나면 그 아이는 '하늘'이라는 단어 안에 자신의 마음을 한계 짓기 시작합니다. 머리 위에 펼쳐진 그것을 '하늘' 이외의 것으로 볼 수 없게 되지요. 게다가 해가 빛나고 하얀 구름이 떠다니는 하늘이야말로 '예쁜 것'이라는 관념, 이 또 다른 마음의 감옥에 갇히게 되어 흐린 날의 잿빛 하늘은 '예쁘지 않은 것'이 될 것이고요. 우리가 규정지은 '배움'이라는 과정이 본격화되며 모든 아이는 나누고 가르고 가치를 평가하는 것에 점점 익숙해집니다. 그것을 잘할수록 똑똑하다고 칭찬받거나 사랑받는 것이 일반적입니다. 이렇게 자신의 진짜 마음과 멀어지는 일에 최선을 다하며 우리의 에고, 우리의 자아는 틀을 갖추기 시작합니다. 저는 세상에 존재하는 모든 것을 '나'와 구별하는 '마음'이 에고라고 생각합니다.

'분별하는 에고'를 분별하는 나

자신의 마음을 돌보는 사람들이 많아지면서 에고에 대해 언급하는 것이 낯설지 않게 되었습니다. 에고가 어떤 것인지, 나의 삶에 어떻게 영향을 미쳐왔는지를 각자의 방식으로 배우고 분석하는 사람들이 많아졌죠. 명상이나 불교 공부, 심리학 공부 등 다양한 방법이 있을 거예요. 하지만 이 과정에서 가장 흔하게 일어나는 일이 '에고'와 '나'를 또 완전히 분리하고 뭐가 더 좋은지 나쁜지 분별하려고 하는 겁니다. 분별심을 없애려다가 새로운 방식의 분별을 만드는 셈입니다. 이것은 '에고가 적'이라는 잘못된 인식에서 비롯된다고 생각합니다. 사실은 수용하고 함께 가야 하는데 말이에요.

가장 자주 받는 질문 중 하나가 '어떻게 하면 에고를 완전히 없애고 마음의 평온을 누릴 수 있냐'인데요. 사람들 대부분이 에고는 나쁜 것이며 마음을 어지럽히는 절대적 악이라는 관념을 만들고 있다는 걸 이 질문을 통해서도 알 수 있어요. 나쁜 것에는 맞서 싸워야 한다는 사회적 통념이 이 관념과 함께 일어날 것이고요. 하지만 에고와 싸우는 것은 애초에 불가능하며, 싸워서 이길 수도 없습니다.

에고가 너무 강력해서 싸움이 안 된다는 것은 아닙니다. 싸움이라는 것은 대상이 있어야 가능하죠. 하지만 대상을 인식하는 것이야말로 에고입니다. 에고가 없이는 에고가 인식되지 않는데, 어떻게 싸움이 일어날 수 있을까요? 에고와 싸우려면 에고를 키워야 한다는 말입니다. 하지만 상당히 많은 사람들이 이 사실을 알아차리지 못한 채 마음챙김의 과정에서 자신의 에고와 싸우며 살아가고 있습니다. 내가 내 뺨을 때리며 고통스럽다고 우짖는 것과 마찬가지예요. 마음의 고요가 얻어질 리 만무하죠. 도리어 더욱 강하게 자극된 에고가 더욱 큰 혼란을 야기합니다. 중도에 힘이 다해 포기하게 되는 경우도 많아요.

내 마음속 깊은 곳에서 두 가지 상반된 목소리가 서로 줄다리기를 하고 있을 때, 영화에서 본 것처럼 천사와 악마가 떠드는 모습을 그리는 것을 멈춰보세요. 흔히 에고를 악마에만 빗대지만, 사실은 내 마음속에서 떠드는 천사와 악마는 에고의 두 가지 모습일지 모릅니다. 천사니 악마니 하는 좋고 나쁨의 가치에서 자유로워져야 합니다. 조금 더 확장된 관점으로 나아가는 것이 에고로부터 자유로워지는 데 도움이 됩니다.

SECTION 5

문제에 사로잡혀 괴로워하고 있는 '나'를 고요히 응시하는 법도 익혀야 한다고 생각해요. 물론 말처럼 쉽게 이루어지는 일은 아닙니다. 하지만 행복하고 평온한 삶을 위해 당연히 수행해 나아가야 한다고 마음먹으면 어려울 것도 없어요. 목표 달성에 집착하지 않고 그 과정 자체를 즐기는 마음으로 임하면 숙제가 아니라 취미 생활처럼 느껴질 테니까요. 지금부터 이야기할 세 가지를 단계별로 익힌다면 에고와 싸우는 대신 에고로부터 자유로워져 마음의 평온을 누리는 것에 도움이 될 거예요.

평가하는 자신을 알아차리기

첫째, 모든 것을 평가하는 자신을 알아차리는 연습을 합니다. 우리는 하루 종일 셀 수 없이 많은 평가를 합니다. 내 안에 있는 관념이 자동으로 떠오르는 것이죠. '사과'라는 단어만 들어도 '맛있다', '달콤하다', '빨갛다', '깎기 귀찮다', '배부르다', '싫다' 등 다양한 관념이 떠오를 겁니다. 이 모든 것이 에고의 작용이죠.

아침에 눈 뜬 직후부터 하루를 마치고 잠들기 전까지 마주하는 모든 상황의 모든 대상에 대해 자신이 얼마나 많은 평가를 내리는지 관찰해보세요. 컨디션 난조를 겪는 날이면 평가는 더욱 가혹해집니다. 누군가가 웃으며 지나가는 것도 밥맛없다고 평가할 수 있죠. 이런 모든 순간에 '알아차림'이 함께한다면 나는 조금씩 확장하고 성장할 수 있습니다.

마음챙김이 낯선 분들께 '알아차림'이라는 표현은 다소 난해하게 다가올 수 있는데요. 조금만 연습하면 쉽게 단련할 수 있는 마음의 근육 중 하나라고 생각하면 좋을 것 같습니다. 현대인 대부분은 자신이 어떤 생각을 하는지, 어떤 감정을 느끼는지 의식하지 않고 살아가지요. 스마트폰이 대중화한 이후 이런 현상이 더욱 심화되었습니다. 그야말로 화장실에 다녀오는 짧은 시간에도 스마트폰을 가지고 갈 정도로 삶의 전반을 무의식에 의존해 살고 있는 거예요. 외부 세상 어딘가에 의식을 빼앗긴 채로 내면의 힘듦을 모르고 살다가, 임계점에 다다라서야 고인 감정의 봇물이 터지기도 하는데요. 그 정도가 지나치면 우울증이나 불안, 공황과 같은 마음의 병이 됩니다. 생각과 감정은 우리가 깨어 있는 시간 내내 일어나기 때문에, 잃어버린 삶의 주도권을 되찾고 평온한 삶을 살기 위해서는 내 안에서 일어나는 흙먼지를 바라볼 줄 알아야 해요. 그 흙먼지가 나의 일부가 아닌 그저 흙먼지일 뿐이라는 것을 의식적으로 인식하는 힘이 바로 '알아차림'입니다.

내 안에서 조금이라도 불편한 감정이 일어날 때마다 어떤 생각이 그 감정을 일으켰는지 관찰해보세요. 예를 들어, 출근길 지하철에 승객이 많아 짜증스러운 마음이 든다면 내가 사람이 많다는 사실만을 인식하는 것이 아니라 사람이 많은 지하철에 대한 부정적 평가를 내리고 있음을 알아차립니다. 만약 직장 상사가 자신의 의견만을 늘 강요하는 것에 분노가 일어난다면, 강요하는 사람은 나쁘다거나 권위적인 사람이 싫다는 평가로 인해 내 안의 고통이 만들어졌음을 알아차립니다. 이런 과정을 반복하다 보면 하루 24시간 내가 얼마나 많은 것들에 대해 무의식적으로 부정적인 평가를 하고 있는지 배우게 됩니다. 필요하다면 휴대전화 메모장에 종일 관찰일지를 적으며 자신을 객관적으로 바라보는 것도 좋습니다. 이렇게 알아차림을 반복하다 보면 삶에서 느끼는 다양한 고통이 사실은 외부로부터 나를 향하는 것이 아니라 외부를 향한 나의 부정적 평가로부터 일어난다는 것을 깨닫게 되고, 그렇게 마음의 근육을 단련하게 됩니다.

알아차림 이후에 곧바로 평소처럼 에고에 휘둘리기 시작하더라도 나에게 실망할 필요는 없습니다. 실망하는 것조차 에고의 작용이니까요. 에고(분리)에 휘둘리지 않으려면 자신을 향한 사랑(수용)의 힘을 일구어보세요. 우리는 자주 하는 것과 많이 연습하는 것을 잘하게 되므로, 오늘부터 시작하는 알아차림 연습이 마음의 평온을 일구는 가장 빠른 길임을 기억하시길 바랍니다.

감정을 알아차리고 수용하기

둘째, 내가 내린 평가가 동반하는 감정을 알아차리고 수용합니다. 어떤 것을 바라보고 관념이 일어나면 감정이 찾아옵니다. 가치 평가를 반복하는 나 자신을 알아차리는 연습이 어느 정도 되었다면 그 평가가 일으키는 감정을 알아차리는 연습을 합니다.

내 마음에 쏙 드는 선물을 받으면 금세 기쁨이라는 감정이 일고, 누군가 담배 연기를 내 얼굴에 뿜는다면 바로 분노를 느끼겠죠. 기쁨과 즐거움 같은 감정 때문에 힘들어하는 사람은 거의 없을 겁니다. 반면 분노, 슬픔, 수치, 불안과 같은 감정을 느낄 때 사람들은 대부분 고통스러워하고, 어떻게 하면 그런 감정들로부터 자유로워질 수 있는지 궁금해합니다. 이런 감정을 느끼는 것이 고통스러울수록 마주하는 것을 회피하기 십상이지만, 정말로 자유로워지려면 감정을 용기 내어 마주할 줄 알아야 합니다.

감정은 늘 우리에게 무언가를 알려주기 위해 일어난다고 생각해요. 그러니 내가 느끼고 싶지 않은 감정이 휘몰아칠 때야말로 그 감정을 마주할 수 있는 절호의 찬스지요. 감정을 수용하고 인정한 후, 그 감정이 일어난 원인이 무엇인지를 깊이 살펴보세요. 그것이야말로 나의 에고, 그리고 내 안의 관념들과 마주하는 귀중한 단계입니다.

만약 나를 홀대하는 사람들로부터 자주 수치심을 느낀다면, '내가 모든 사람에게 존중받고 싶어 하는구나' 하는 것을 알아차리는 것이 첫 단계일 거예요. '그 사람이 나를 홀대했어'라는 생각이 나를 힘들게 하는 것이 아닙니다. '누가 나를 홀대하는 게 싫어' 혹은 '사람을 무시하는 건 나빠', '무시당하는 사람은 가치가 낮은 사람이야'라는 생각 등이 부정적 감정을 일으키죠. 이 모든 것은 내 안에 자리한 관념들이 빚어내는 사념일 뿐입니다. 어떤 사람이 누군가를 무시하는 건 그의 자유이고, 무시당하는 사람 또한 부족해서 무시당하는 게 아니라고 스스로 믿고 있다면, 누가 나를 어떻게 대해도 기분이 상하지 않을 테니 말이에요.

감정을 마주했다면, 수용을 통해 흘려보내도록 노력합니다. 감정을 수용하지 않으면 에고가 나를 짓누르는 힘이 더 강해집니다. 감정을 수용한다는 것은, 느껴지는 것을 느껴지는 그대로 느끼는 것을 의미합니다. 슬프면 슬픔을 느끼고, 불안할 때 불안을 느끼고, 억울하면 억울함을 느끼는 것이죠. 화가 날 때, '이렇게 나이를 먹고도 감정적이어서야 원…'이라는 말보다 '화가 나도 괜찮아. 왜 이런 일에 자꾸 화가 나는지를 살펴보자'라는 말을 자신에게 해주세요.

감정에 빠져들까봐 두려워하는 것이야말로 감정의 노예가 되는 지름길입니다. 반대로 감정을 충분히 느끼는 것으로 가슴속 멍울이 생각보다 쉽게 해소될 수 있어요. 감정을 충분히 느끼는 것과 감정에 휘말려 더욱 힘든 사념에 빠져드는 것은 크게 다르다는 것을 유념한다면 말이죠. 혹여 감정에 빠진 상태로 술을 마셔 정신을 흐린다거나 계속 같은 사념을 반복하며 아무것도 해결하지 못한 채 기운만 소진한다면 매일이 내리막길처럼 느껴질 겁니다. 사념은 우리를 건설적이고 생산적인 방향으로 이끄는 건강한 생각이 아니고 두려움과 염려, 근심을 일으키는 생각이니 멀리할수록 좋습니다. 자신의 감정을 인정하고 수용했다면 심호흡이나 명상, 요가 등의 마음챙김을 통해 추가적으로 일어나는 사념을 흘려보내고, 후련한 마음으로 일상을 살면 됩니다.

있는 그대로 바라보기

셋째, 모든 것을 있는 그대로 바라보는 연습을 합니다.
내 감정을 충분히 수용할 줄 알게 되면, 내 마음의 공간이 여유로워지기 때문에 나 이외의 것에 대한 이해의 폭도 함께 넓어집니다. 쉽게 표현하자면 만사에 다소 너그러워진다고 할 수 있습니다. 모든 사람이 각자 가진 삶의 과제들을 헤쳐나가느라 정신이 없고, 그 과정에서 서로 상처를 주고받을 수 있다는 것이 객관적으로 보이기 시작하는 것이죠. 나에게 해를 입히거나 내 마음을 어지럽게 하는 것이 외부 세상이라고 믿어왔더라도, 사실 세상은 그저 존재할 뿐이며 그것을 내가 내 마음대로 해석해 자신을 괴롭히고 있었다는 것을 깨닫게 됩니다.

　　환경은 변함이 없더라도 내 마음이 달라지면 같은 대상을 인식하는 방식을 조금씩 바꾸어나갈 수 있습니다. 모든 것을 대할 때 그 가치를 평가하고 정죄하려는 태도를 갖기보다 있는 그대로 바라보는 연습을 합니다. 빠르게 달리는 오토바이와 부딪힐뻔하더라도 '큰 사고 한번 나봐야 정신을 차리지' 하며 역정을 내기보다 '부딪힐뻔했지만 다치지 않았네'라고 일어난 일 그대로만 바라보는 겁니다. 다치지 않아서 감사하다는 생각으로 이어갈 수 있다면 더할 나위 없이 좋겠죠? 복잡한 사념을 일으킬 수 있는 상황에서 빠르게 마음을 추스르는 것이 가능해지면 삶이 한결 윤택해집니다. 혹시 상사가 아침부터 신경질적 모습을 보이더라도 왜 개인적 문제로 허구한 날 일터의 사람들한테 피해를 주느냐며 맞고 틀림을 가리느라 미움을 일으키기보다는, '안 좋은 일이 있나 보군' 하고 더 이상의 생각이 일어나는 것을 멈추어 내게 더 중요한 일에 집중하는 편을 선택해보세요.

　　외부의 변화나 자극과 관계없이 내 마음을 내가 다스릴 수 있다는 것을 깨닫고, 내 기분을 상하게 하는 생각들을 이어가는 것은 그 누구도 아닌 나 자신에게 해가 된다는 것을 체화하고 나면, 비로소 에고로부터 자유롭다는 것을 느낄 수 있습니다. 싸워서 이기는 것이 아니라 어우러져 함께 잘 살게 되는 거예요. 에고의 기본은 분리하고 평가하는 것이라고 생각해보면, 사랑과 수용으로 응대하는 것이 가장 효과적이겠죠. 매 순간 '수용'이라는 단어를 기억하고 모든 순간에 적용해보세요. 나와 나를 둘러싼 모든 타인을 포함한 세상만사에 말이에요.

INNER SIDE

에필로그

orioll 적과 친구, 좋아하기로는 둘 다 마찬가지다. 그를 열렬히 좋아해서 친구이고, 그를 미워하기를 열렬히 좋아해서 적이다. 적이나 친구나 마음속에서 일어나는 작용은 똑같은데, 현실에선 그 반대편에 위치해 있는 것처럼 보인다. 그렇게 보인다! 이 둘이 반대편에 있는 거 맞나 싶어서 다시 한번 살펴보는데, 다시 봐도 본질은 똑같다. 그에게 마음이 빠져 있다는 거.

WHO? 창간호에 많은 분들께서 다양한 반응을 보내주셨다. 그중에 가장 묵직했던 "for who?"에 대해, 부지런히 답을 찾아 2호에 실어 보낸다. 어떠신가. 이만하면 근사하지 않은가. "누구를 위해 종은 울리느냐고, 종은 바로 그대를 위해 울리는 것이다."(헤밍웨이)

Y 디지털 콘텐츠는 책의 적일까, 친구일까? 유튜브에 웹툰, 타인의 일상이 빼곡한 인스타그램까지. 이렇게 볼거리가 많은데 대체 누가 책을 읽을까? 책은 이 버거운 상대들 사이에서 살아남을 수 있을까? 생각할수록 생업이 걱정되지만, "나란 무엇인가", "적의 적은 내 친구인가" 같은 질문에 비범하게 답할 수 있는 매체는 여전히 책이라는 사실에 안도한다. 이번 호에 실린 각각의 글에 표정이 있다면 어떤 느낌일지 상상하며 읽어보시길. 디지털 콘텐츠에선 얻을 수 없는 재미가 기다릴 것이다.

WOOD 균형에 관해 생각하게 되었다. 가벼움과 진지함, 사랑과 미움, 영원함과 우연함, 가능성과 불가능성, 먼 곳과 가까운 곳, 적과 친구, 네 편과 내 편, 그리고 잡지인 것과 잡지가 아닌 것. 원고를 읽고 편집을 진행하며 이 모든 게 뒤섞여 있다는 인상을 받았지만, 사실 우리에게는 이들 사이에서의 어설픈 '중립기어'가 아니라 정확하고 반듯한 균형 감각이 더 필요할 것이다. 다만 친구는 좀더 사귀어야 할 것 같다. 너무 외롭지 않은 노후를 위해서라도.

SB 청탁한 원고가 들어왔다. 마른침을 한번 삼키고 파일을 연다. 하얀 면을 배경으로 개성 뚜렷한 글이 가지런히 이어진다. 들뜬 손놀림으로 감사 메일을 써 보내고서, 즐겁고 어려운 고민을 이어나간다. 어느 글들 사이에 배치하면 좋을까. 원래 계획한 자리에 앉힐까. 더 적절한 위치가 있을까. 원고가 들어올 때마다 같은 고민을 거듭하고, 시뮬레이션 끝에 각각 맞춤한 자리를 배정한다. 다른 지면이었다면 한자리에 모이기 쉽지 않았을 생각과 입장이, 친구처럼 어우러지고 적처럼 각을 세우며 잡지 한 편을 이룬다. 잡지가 발휘하는 매력이다.

컨트리뷰터

주경철　역사학자. 서울대학교 서양사학과 교수다. 근대 태동기부터 대항해 시대를 거쳐 오늘에 이르기까지의 역사를 탐구한다. 깊이 있는 연구를 바탕으로 한 명쾌한 글쓰기로 근대 유럽의 역사를 흥미진진하게 소개해왔다. 《대항해 시대》, 《문명과 바다》, 《주경철의 유럽인 이야기》, 《그해, 역사가 바뀌다》, 《문화로 읽는 세계사》, 《히스토리아》 등을 썼고, 《지중해》, 《물질문명과 자본주의》 등을 우리말로 옮겼다.

허지원　임상심리학자. 고려대학교 심리학부 교수다. 정신병리와 심리치료에 대한 연구를 수행하고 이를 임상 장면에서 적용하는 임상심리전문가다. 조각난 마음의 상태를 객관적으로 살펴보고 교감과 위안을 담은 이야기로 풀어내고 있다. 지은 책으로 《나도 아직 나를 모른다》 등이 있다.

송은영　식물세밀화가. 시간의 흐름에 따라 변화하는 식물을 관찰하고 그 모습을 그림과 글로 남기고 있다. 사람들에게 각자의 인생사가 있듯, 각각의 식물이 가진 이야기를 귀 기울여 듣고 그 이야기를 담아 식물의 초상화를 그리는 작업을 진행한다. 지은 책으로 《기초 보태니컬아트》, 《기초 보태니컬아트 컬러링북》 등이 있다.

문보영　시를 쓴다. 제주도에서 태어났다. 지은 책으로 시집 《책기둥》, 《배틀그라운드》, 산문집으로 《일기시대》, 《준최선의 롱런》, 《사람을 미워하는 가장 다정한 방식》 등이 있다. 손으로 쓴 일기를 독자에게 우편으로 발송하는 '일기 딜리버리'를 운영하고 있다.

한성우　국어학자. 인하대학교 한국어문학과 교수다. 각 지역의 언어를 조사하고 연구하며 말의 주인들과 만나 그들의 이야기를 듣고 전한다. 우리말에 담긴 삶의 다채로운 풍경을 보여주는 데 관심이 많다. 지은 책으로 《말의 주인이 되는 시간》, 《문화어 수업》, 《노래의 언어》, 《우리 음식의 언어》, 《방언정담》 등이 있다.

정준희　미디어학자. 한양대학교 언론정보대학 겸임교수다. 한국 언론의 저품질성과 직업적 윤리의식의 부재를 여러 채널을 통해 비평하면서 공영 미디어를 통한 공적 담론의 생산과 유통을 강조해왔다. MBC 〈100분 토론〉, TBS TV 〈정준희의 해시태그〉, KBS 1라디오 〈열린토론〉의 진행자로 활동 중이다. 함께 쓴 책으로 《미디어와 한국 현대사》, 《스마트 시대 신문의 위기와 미래》 등이 있다.

리처드 도킨스   진화생물학자. 세계에서 가장 영향력 있는 과학 저술가다. 1976년 첫 책 《이기적 유전자》로 주목받기 시작했고, 2006년 《만들어진 신》을 통해 신이 존재하지 않음을 과학적 논증으로 증명하면서 과학계와 종교계에 뜨거운 논쟁을 몰고 왔다. 《신, 만들어진 위험》, 《신 없음의 과학》, 《현실, 그 가슴 뛰는 마법》 등을 썼다.

윤파랑   만화가. 읽고 쓰고 그리는 일을 한다. 네이버 웹툰에서 〈1인용 기분〉을 연재했다. 지은 책으로 《1인용 기분》, 《잠시 고양이면 좋겠어》가 있다.

강보원   문학평론가, 시인. 1990년 서울에서 태어났다. 시와 평론 등의 글을 쓴다. 시집 《완벽한 개업 축하 시》를 썼고 함께 쓴 책으로 《셋 이상이 모여》가 있다.

김대식   뇌과학자. KAIST 전기및전자공학부 교수다. 뇌과학의 최신 연구 성과와 동서양의 인문학 지식을 바탕으로 인류의 과거와 현재, 미래를 성찰해왔다. 인공지능이 야기할 인간의 자아 위기 등 곧 닥칠 미래의 화두를 앞장서 제시하고 있다. 《김대식의 키워드》, 《당신의 뇌, 미래의 뇌》, 《김대식의 인간 VS 기계》, 《김대식의 빅퀘스천》 등을 썼다.

김한민　작가. 서울 출생. 《유리피데스에게》, 《혜성을 닮은 방》, 《공간의 요정》, 《카페 림보》, 《비수기의 전문가들》, 《아무튼, 비건》 등의 책을 쓰고 그렸다. 《페소아와 페소아들》, 《시는 내가 홀로 있는 방식》, 《내가 얼마나 많은 영혼을 가졌는지》 등 포르투갈 작가 페르난두 페소아의 작품을 번역하는 한편 《페소아: 리스본에서 만난 복수의 화신》을 썼다. 현재 해양환경단체 시셰퍼드와 창작 집단 이동시의 일원으로 환경 운동과 작품 활동을 병행하고 있다.

황예지　사진작가. 1993년 서울에서 태어났다. 수집과 기록에 집착하는 부모님 밑에서 자랐고 그들의 습관 덕분에 자연스럽게 사진을 시작하게 되었다. 거창한 담론보다는 개인의 역사에 큰 울림을 느낀다. 가족사진과 초상사진을 중점으로 본인의 이야기를 풀어나가고 있다. 지은 책으로 사진집 《mixer bowl》과 《절기, season》, 산문집 《다정한 세계가 있는 것처럼》이 있고, 개인전 〈마고, mago〉를 열었다.

김엄지　소설가. 계속 소설만 쓰고 있다. 《미래를 도모하는 방식 가운데》, 《주말, 출근, 산책: 어두움과 비》, 《폭죽무덤》, 《겨울장면》, 《목격》, 《소울반띵》을 썼다. 글을 쓰고 잊고. 나는 봄과 여름이 좋다.

김광기　사회학자. 경북대학교 일반사회교육과 교수다. 인간과 사회라면 그것이 무엇이든 눈길을 뺏기고 마는 어쩔 수 없는 골수 사회학자이나, 정작 인간들로 이루어진 사회에 속하는 것은 매우 껄끄러워한다. 인간을 이방인으로 그린 '이방인의 사회학'을 주창한다. 전공 분야는 사회학이론과 현상학이며, 《뒤르켐 & 베버: 사회는 무엇으로 사는가?》, 《이방인의 사회학》, 《아메리칸 엔드 게임》 등을 썼다.

신유정　과학기술정책학자. KAIST 과학기술정책대학원/ 과학기술사회정책센터의 연구교수다. 인공지능, 신경과학과 같은 첨단 과학기술 분야의 형성 과정에서, 지식과 기술 그리고 정책이 어떻게 상호작용하는지 연구해왔다. 현재는 데이터 기반 연구 활동의 진화 및 의미에 관심을 가지며, 이에 영향을 미치는 R&D 정책, 인력 정책, 외교 정책 등을 추적하고 있다.

이재갑　감염내과 전문의. 한림대학교 강남성심병원 감염내과 전문의로 있다. 코로나를 이겨내기 위해 질병관리청 감염병 위기관리 전문위원회에서 활동하고 있다. 질병관리청 예방접종 자문위원, 질병관리청 역학조사전문위원, 에볼라 긴급구호대 2진 대장, 메르스 즉각대응팀 위원, 국제질병퇴치기금 민간위원, 중수본 본부장(장관) 자문특보단 등을 지냈다. 함께 쓴 책으로 《우리는 바이러스와 살아간다》 등이 있다.

박소연　작가. 대기업, 공공 기관, 지자체와 굵직한 프로젝트를 진행하면서 각 조직의 상위 인재들이 어떻게 일하는지 알게 됐다. '탁월한 언어 감각'이야말로 그들의 핵심 경쟁력임을 발견한 뒤, 그 노하우와 비결을 여러 사람들에게 전하고 있다. 《일 잘하는 사람은 단순하게 말합니다》, 《일 잘하는 사람은 단순하게 합니다》 등을 썼다.

미깡　웹툰작가. 다음 웹툰에 〈술꾼도시처녀들〉, 〈하면 좋습니까?〉를 연재했고 그림책 《잘 노는 숲속의 공주》의 스토리를 썼다. 지은 책으로 에세이 《해장음식: 나라 잃은 백성처럼 마신 다음 날에는》이 있다.

박진여　전생 리딩 상담가. '박진여전생연구소'를 운영한다. 20년 동안 2만여 명의 전생을 리딩하면서 '인간은 결코 우연히 태어나지 않는다'는 사실을 확인했다. 현생의 슬픔, 고통, 기쁨에 담긴 영적 메시지를 깨닫고 선행이라는 참된 길을 통해 아름다운 삶을 만들어나가는 것이 행복의 지름길임을 전하고 있다. 《당신의 질문에 전생은 이렇게 대답합니다》, 《당신, 전생에서 읽어드립니다》 등을 썼다.

정민　명상 멘토. 우울증과 불안장애로 힘들어하던 20대 초반에 명상을 시작했다. 여러 시도를 통해 서서히 자신에게 가장 잘 맞는 방법을 고안했고, 직접 녹음한 명상 가이드가 다른 이들에게도 도움이 되기를 바라는 마음으로 2018년에 유튜브 채널 '마인드풀tv'를 열었다. 현재 구독자 11만 명과 함께 쉽고 편안한 명상에 대한 이야기를 나누며 마인드풀한 인생을 살고 있다. 지은 책으로 《내 안의 평온을 아껴주세요》가 있다.

Contributors
주경철, 허지원, 송은영, 문보영, 한성우, 정준희,
리처드 도킨스, 윤파랑, 강보원, 김대식, 김한민, 황예지,
김엄지, 김광기, 신유정, 이재갑, 박소연, 미깡, 박진여,
정민, 김남희, 김혜원, 이경희, 차우진, 한승혜

Chief Creative Director
김대식

Editors
곽성우, 윤정기

Proofreading
이정란

Advisers
김윤경, 강영특, 김동현, 이경희, 정윤수

Graphic & Editorial Design
일상의실천

Marketing
윤준원, 백선미, 이헌영, 신일희

Media Promotion
최정은, 박은경, 이한솔, 김하은, 반재서

Production & Distribution
김주용, 박상현, 정충현

Publisher
고세규

ISSUE 2 MAGAZINE G

적의 적은 내 친구인가?
네 편 혹은 내 편

발행일	2021년 5월 31일
발행처	김영사
등록	1979년 5월 17일(제406-2003-036호)
주소	경기도 파주시 문발로 197(문발동) 우편번호 10881
전화	마케팅부 031)955-3100 편집부 031)955-3200
팩스	031)955-3111
홈페이지	gimmyoung.com
블로그	blog.naver.com/gybook
페이스북	facebook.com/gybooks
이메일	bestbook@gimmyoung.com

© 김영사, 2021
이 책은 저작권법에 의해 보호를 받는 저작물이므로
저자와 출판사의 허락 없이 내용의 일부를 인용하거나
발췌하는 것을 금합니다.

값은 뒤표지에 표시되어 있습니다.
ISBN 978-89-349-8899-1 04100
 978-89-349-8900-4 세트

좋은 독자가 좋은 책을 만듭니다.
김영사는 독자 여러분의 의견에 항상 귀 기울이고
있습니다.